फिर भी जिंदगी खूबसूरत है

लेखक की पुस्तकें

जिंदगी
न मिलेगी दोबारा
एन. रघुरामन

युवा भारत
की नई पहचान
एन. रघुरामन

अब हमें
बदलना
होगा
एन. रघुरामन

फिर भी
जिंदगी
खूबसूरत है

लक्ष्य प्राप्ति के
फंडे

इरादे
हों तो ऐसे

जब सोचो
बड़ा सोचो
एन. रघुरामन

इंसानियत के
फंडे

खुशहाल फैमिली के
फंडे
एन. रघुरामन

Positive सोच के
फंडे

नए दौर के
बिजनेस
फंडे
Business की Wow सोच

जीवन जीने
के
फंडे

सफल बिजनेस
के
फंडे

लीडरशिप
के
फंडे

स्मार्ट बनने के
फंडे
एन. रघुरामन

फिर भी जिंदगी खूबसूरत है

एन. रघुरामन

प्रभात
पेपरबैक्स
www.prabhatbooks.com

प्रकाशक

प्रभात पेपरबैक्स

4/19 आसफ अली रोड, नई दिल्ली–110002

फोन : 23289555 • 23289666 • 23289777 ❖ फैक्स : 23253233

इ–मेल : prabhatbooks@gmail.com ❖ वेब ठिकाना : www.prabhatbooks.com

संस्करण

2016

मूल्य

एक सौ पच्चीस रुपए

अ.मा.पु.स. 978-93-5186-320-5

मुद्रक

आर–टेक ऑफसेट प्रिंटर्स, दिल्ली

———— ★ ————

PHIR BHI ZINDAGI KHOOBSOORAT HAI

by N. Raghuraman

Published by **PRABHAT PAPERBACKS**
4/19 Asaf Ali Road, New Delhi-110002

ISBN 978-93-5186-320-5

₹ 125.00

अनुक्रम

1. दिल से तो चाहो, पूरी कायनात आपकी मदद को राजी हो जाएगी 9
2. 'मदद' सिर्फ एक शब्द नहीं है बल्कि बहुत शक्तिशाली मंत्र है 12
3. सबके भीतर एक कर्ण है, जिसे मदद की जरूरत है 15
4. कुछ उपहार ऐसे होते हैं, जो पैसों से नहीं खरीदे जा सकते 18
5. खुशहाल जिंदगी को बरबाद कर देती है बुरी लत 20
6. कृत्रिम परिपक्वता के लिए नहीं है बचपन 22
7. लंबे समय तक बना रहता है, प्यार के नियम-कायदों का असर 25
8. 'ईटिंग आउट' माँ का विकल्प नहीं, लेकिन रिश्तों को मजबूती देने का समय है 27
9. अच्छे पलों को हमेशा याद रखते हैं लोग 30
10. देने का सुख जीवन भर चलनेवाली परंपरा है 32
11. दूसरों से अलग कहलाना है तो सिर्फ अच्छे इनसान हो जाइए 34
12. आप परोपकार करते हुए भी कुछ अलग कर सकते हैं 37

13. महत्त्वपूर्ण यह है—आप माता-पिता के काम कब आते हैं 40

14. खुशियाँ वहीं होती हैं, जहाँ लालच न हो 42

15. किसी भी चीज की आदत एक समस्या है 45

16. रिश्ते मजबूत करने में भी कारगर है तकनीक 47

17. बेटी भी दे सकती है माँ को जिंदगी 49

18. भरोसा वाईफाई की तरह होता है।
यह आपको सही लोगों से जोड़ता है 51

19. क्या आप अपनी सोच को अमलीजामा पहनाते हैं? 54

20. अपनी असफलताओं का विश्लेषण कीजिए 57

21. इरादा हो तो कोई भी चीज कहीं भी लागू की जा सकती है 60

22. वक्त निकलने पर ही होता है कुछ खोने का एहसास 62

23. कभी-कभी अपने बारे में भी अच्छा महसूस कीजिए 65

24. समस्या के हल में भी है—बिजनेस आइडिया 68

25. लोकप्रियता और लाभ के बीच संतुलन जरूरी है 71

26. जिंदगी के अनुभवों में नंबरों के कोई मायने नहीं होते 74

27. परेशान दिमाग समस्याओं का जल्दी समाधान ढूँढ़ता है 77

28. आप इस दुनिया में कभी भी अकेले नहीं हैं 79

29. सिर्फ सस्ता होना सफल कारोबार की गारंटी नहीं 82

30. जरूरी नहीं, तारे सिर्फ आकाश में ही मिलें 85

31. मुश्किल विषय को खेल के जरिए भी पढ़ा सकते हैं 88

32. लक्ष्य पर केंद्रित कैसे रहते हैं, इस बच्चे से सीखा जा सकता है 91

33. किसी सवाल को गलत नहीं कहा जा सकता 93

34. अक्षमता या हालात आपकी सफलता में कभी बाधा नहीं बन सकते 95

35. हमारा जमाना खत्म नहीं हुआ 98

36. रिटायरमेंट की उम्र कोई बंधन नहीं है 101

37. काबिल, सक्षम लोग रिटायर नहीं होते 104

38. नए साल को खुशहाल बनाना हमारे हाथ में है 107

39. छाता बारिश नहीं रोकता, पर उसके नीचे हम पानी से बचते जरूर हैं 110

40. अच्छा तालमेल बेजान दिल में भी साँसें फूँक सकता है 113

41. शिक्षा का सही मतलब समझें 115

42. दूसरों से आगे रहना है तो, जो आप नहीं जानते, उसे जितनी जल्दी हो, जान लीजिए 118

43. बच्चों के सैटल हो जाने के बाद भी जिंदगी रिटायर नहीं होती 121

44. सफलता का हिस्सा होती है, कठोर परिश्रम की सराहना 123

45. लोगों से जुड़ना है तो उनका मूड भाँप लें 125

46. अगर आप इनसान पैदा हुए हैं तो संबंधों का ध्यान रखिए 127

47. त्याग और बलिदान को मापना बहुत मुश्किल है 129

48. क्या हम वाकई परिपक्व समाज के सदस्य हैं? 131

49. महिलाएँ दृढ़ हों तो वे पुरुषों से ज्यादा ताकतवर साबित हो सकती हैं 133

50. नए आइडिया से जश्न को ज्यादा जगमग बनाएँ 136

51. डाटा के ढेर से काम की चीज निकालने में ही है स्मार्टनेस 138

52. जीवन–चक्र में खुशी सिर्फ एक हिस्सा है 140

53. अपने सपने को जियो 143

54. महान् बनना चाहते हैं, हर समस्या में अवसर तलाशें 145

55. किसी भी ब्रांड वैल्यू की बेसिक जरूरत है,
क्वालिटी फार्मास्युटिकल्स 147

56. काम के प्रति पूर्ण समर्पण और गलती करने का
पक्का इरादा, यानी सफलता की गारंटी 149

57. श्रेय मिले, न मिले, अपना श्रेष्ठ देना कभी भी बंद न करें 152

58. वॉकिंग ट्रिप्स से आपकी बुद्धिमत्ता को मिलता है
अच्छा लाभांश 155

59. जीवन में अचानक उलट–पुलट हो,
तब प्रार्थना ही देती है सहारा 157

दिल से तो चाहो, पूरी कायनात आपकी मदद को राजी हो जाएगी

4 अप्रैल, 2013 की सुबह। 6.30 का वक्त। महाराष्ट्र में मुंबई के ठाणे उपनगरीय इलाके में एक बिल्डिंग अचानक भर-भराकर ढह गई। इस इमारत में करीब 150 परिवार रहते थे। इलाके में इस तरह की यह सबसे बड़ी घटना थी। लगभग 74 लोग इसमें मारे गए। इनमें 18 बच्चे, 23 महिलाएँ और 33 पुरुष थे। करीब 100 से ज्यादा लोग घायल हुए। इनमें कुछ तो काफी गंभीर थे। इनमें से ही एक पाँच साल की बच्ची थी। नाम था, संध्या ठाकुर। वह चमत्कारिक रूप से इस घटना से बच गई। पूरे 36 घंटे बाद उसे इमारत के मलबे से सही-सलामत बाहर निकाला गया।

संध्या को चोटें लगी थीं, लेकिन बहुत मामूली। उसके माता-पिता और छह भाई-बहन थे। सभी को पहले लापता बताया गया। फिर बाद में सरकारी अफसरों ने उन सबको मरा हुआ घोषित कर दिया। संध्या को भले ही शारीरिक रूप से कोई नुकसान नहीं पहुँचा था, लेकिन दिमागी तौर पर उसे तगड़ा सदमा लगा था। तब से ही उसे उस इमारत हादसे के प्रतीक के तौर पर देखा जाने लगा। हादसे के तुरंत बाद उसको सियॉन हॉस्पिटल ले जाया गया था। आँखों में खून का थक्का जमा हुआ था। धीरे-धीरे उसकी हालत में सुधार हुआ। जख्म भर रहे थे, लेकिन आँखों से आँसू सूख नहीं रहे थे। सवाल भी लगातार रिस रहे थे। डॉक्टरों, नर्सों, पुलिसवालों से लगातार वह पूछे जा रही थी। घटना के बाद 23 दिन तक वह लड़की और उसके सवाल मीडिया की सुर्खियों में छाए रहे।

अस्पताल की एक नर्स वीणा कडले से इलाज के दौरान संध्या काफी

घुलमिल गई, बल्कि वह तो मीडिया के लिए इस बच्ची की प्रवक्ता जैसी ही हो गई थी। मीडियावालों को बच्ची के बारे में जो भी पूछना होता था—वे वीणा से ही पूछते थे। अस्पतालवालों ने भी इस स्थिति को समझा और संध्या की पूरी जिम्मेदारी वीणा को ही दे दी। वीणा और संध्या के बीच यह रिश्ता 'पहली नजर के प्यार' जैसा था। दोनों के बीच दिनोदिन संबंध गहरे होते गए और इतने गहरे हो गए कि अस्पताल में आखिरी हफ्ते तक संध्या ने वीणा को 'माँ' कहना शुरू कर दिया। अब संध्या का इलाज पूरा हो चुका था। अस्पताल से उसकी छुट्टी होनी थी, लेकिन एक सवाल अब भी लाइलाज था। यह कि जब बच्ची का अपना कोई इस दुनिया में बचा ही नहीं तो फिर वह अस्पताल से छुट्टी के बाद कहाँ जाएगी? कहाँ रहेगी? उसका कोई रिश्तेदार भी तो उसकी देखभाल के लिए आगे नहीं आ रहा था। तब सरकार आगे आई। उस बच्ची को चिल्ड्रंस होम भिजवा दिया, लेकिन वीणा और संध्या के बीच भावनात्मक संबंध खत्म नहीं हुआ था। वे दोनों एक-दूसरे से अलग होना ही नहीं चाहती थीं। दोनों एक-दूसरे को हर पल याद कर रही थीं।

उस रोज जब संध्या की अस्पताल से छुट्टी हुई और उसे चिल्ड्रंस होम भेजा गया, वीणा रातभर सो नहीं सकी। संध्या के मुँह से निकला 'माँ' शब्द उसके कानों में लगातार गूँज रहा था। उनका कोई बच्चा भी नहीं था। इसलिए भी उनको लग रहा था कि संध्या उनके जीवन की वह खाली जगह भर सकती है और तभी वीणा तथा उनके पति ने संध्या को गोद लेने का फैसला कर लिया। उन्होंने चिल्ड्रंस होम में जाकर इसके लिए एप्लीकेशन भी लगा दी। लेकिन कई महीनों तक इस पर विचार ही नहीं हुआ। चिल्ड्रंस होम के प्रबंधन को आपत्ति थी। उसका तर्क था कि वह यह कैसे मान लें कि बच्ची का कोई रिश्तेदार नहीं है। उसने हादसाग्रस्त इमारत में रहनेवाले सभी परिवारों के डीएनए सैंपल तक मँगवा लिये, ताकि यह देख सके कि संध्या के घर का कोई सदस्य जिंदा तो नहीं है। इधर वीणा और उनके पति सरकारी दफ्तरों के चक्कर काट रहे थे। उन्होंने राज्य के गृहमंत्री और महिला एवं बालविकास मंत्री से भी संपर्क किया, ताकि संध्या को गोद लेने की उन्हें अनुमति मिल जाए। पुलिस ने भी मदद की। बाकी सरकारी ऑफिसों से भी जल्द काररवाई करने के लिए कहा गया। सभी ने इस केस को प्राथमिकता पर लिया और आखिरकार पिछले

शनिवार को पुलिस के पास हर डिपार्टमेंट से हरी झंडी आ गई। उसने भी चाइल्ड वेलफेयर कमेटी को लिख दिया कि बच्ची को गोद देने में कोई आपत्ति नहीं है। उसे वीणा कडले को गोद दिया जा सकता है। वीणा और उनके पति भाग्येश के लिए यह बड़ी खुशी की खबर थी। उन्होंने पिछले 10 महीने से अपने घर के एक कमरे को खिलौनों से सजा रखा था। वे संध्या के घर आने के इंतजार में थे, जो अब खत्म होनेवाला है।

फंडा यह है कि अगर किसी चीज को दिल से चाहो तो सारी कायनात आपको उससे मिलाने की कोशिश में लग जाती है। यह फिल्मी डायलॉग हो सकता है, लेकिन सच भी तो है।

□

'मदद' सिर्फ एक शब्द नहीं है बल्कि बहुत शक्तिशाली मंत्र है

पहली कहानी—काफी लोग वहाँ जुटे हुए थे, उसका वैज्ञानिक प्रयोग देखने के लिए। उसके हाथ में एक परखनली थी, जिसमें छाछ था। उसमें वह आयोडीन मिला रही थी। जैसे ही आयोडीन छाछ में मिला, उसका रंग बदलने लगा। सफेद छाछ नीला हो गया। इसका मतलब था कि वह शुद्ध नहीं है। उसमें मिलावट की गई है। अब उसने जोर की आवाज में लोगों से कहा, "देखिए, अगर यह छाछ शुद्ध होता तो आयोडीन मिलाने के बाद भी यह सफेद ही रहता।" लोग भी अचरज में थे। उन्हें अचरज इस पर भी था कि आखिर यह बात उन्हें पहले क्यों नहीं समझ आई। और ज्यादा अचरज की बात ये थी कि जिस महिला ने उनकी आँखें खोलीं, वह सिर्फ 11वीं तक पढ़ी थी, लेकिन वह ज्यादा पढ़े-लिखे लोगों की तुलना में अधिक जागरूक थी। हम 52 वर्षीय प्रफुला पाठक की बात कर रहे हैं। वे पिछले 14 साल से दरबारगढ़ (गुजरात) के एमडी मेहता एजुकेशन ट्रस्ट के साथ जुड़ी हैं। खाने-पीने की चीजों में मिलावट के प्रति लोगों को जागरूक करने का अभियान चला रही हैं। इस मिलावट का पता लगाने के आम वैज्ञानिक तरीके क्या हो सकते हैं, इस बारे में लोगों को बताती हैं। कई गाँवों-शहरों का इस सिलसिले में दौरा कर चुकी हैं।

प्रफुला खाने-पीने की चीजों के साथ ही उर्वरक और पीने के पानी की शुद्धता जाँचने के तरीके भी बताती हैं और लोग भी तो विज्ञान से यही उम्मीद करते हैं कि वह रोजमर्रा के जीवन में उनकी मददगार बने। प्रफुला की जहाँ

तक बात है तो उन्हें करीब 30 साल बाद यह समझ आया कि उन्होंने स्कूल छोड़कर गलती की, लेकिन तब तक नई शुरुआत करने के लिहाज से बहुत देर हो चुकी थी। इसलिए उन्होंने ट्रस्ट का दामन थाम लिया और इसके जरिए लोगों को जागरूक करने का अभियान शुरू कर दिया। इस कवायद में महिलाएँ-बच्चों पर उनका खास फोकस होता है।

खासकर उन महिलाओं को बताने-समझाने में प्रफुला ज्यादा रुचि लेती हैं, जिन्हें पढ़ाई-लिखाई बीच में छोड़नी पड़ी। उनके प्रयोगों से मिली जानकारी के जरिए, ये महिलाएँ मिलावट की धोखाधड़ी से बच जाती हैं। ऐसा नहीं है कि प्रफुला का यह काम बिना रुकावट चल रहा है। उन्हें कई बार स्थानीय गुंडों से धमकियाँ भी मिलीं, लेकिन उन्होंने अपना अभियान नहीं रोका। वे अब तक महिलाओं के 27 स्वसहायता समूह गठित करने में भी मददगार रह चुकी हैं। ये समूह हर महीने 30,000 रुपए से भी ज्यादा की कमाई कर रहे हैं, यानी महिलाएँ जागरूक के साथ सक्षम भी हो रही हैं।

दूसरी कहानी—महाराष्ट्र के वन विभाग ने जनवरी 2013 में एक संकल्प पारित किया। इसके तहत लोगों को इजाजत दी गई कि वे एक जंगली जानवर को गोद ले सकेंगे। वे जंगली जानवर, जो चिड़ियाघर आदि में रहते हैं। इस संकल्प के तहत लोगों को मुंबई के संजय गांधी नेशनल पार्क के जानवरों को भी गोद लेने की इजाजत दी गई। इस संकल्प की सूचना मुंबई के ही दहिसर इलाके में स्थित रुस्तमजी कैंब्रिज इंटरनेशनल स्कूल को भी मिली। यह स्कूल अपने बच्चों को अकसर संजय गांधी नेशनल पार्क घुमाने ले जाता है। स्कूल ने तुरंत अभिभावकों को पत्र लिखा। केजी-1 से 12वीं कक्षा तक के सभी बच्चों के अभिभावकों को स्कूल की ओर से पत्र भेजे गए। इसमें पूछा गया कि क्या वे पार्क में रह रहे जंगली जानवरों को गोद लेने के इच्छुक हैं। बच्चों और उनके अभिभावकों ने 32 हिरनों को गोद लेने पर सहमति जताई। पार्क की ओर से भी इसी सोमवार को स्कूल प्रबंधन को सूचित कर दिया गया है। इसके तहत उनकी ओर से हिरनों को गोद लेने की स्कूली बच्चों की अर्जी मंजूर हो चुकी है।

बच्चों की ओर से गोद लिये गए जानवरों के लिए जो पैसा आएगा, उसे हिरनों के खान-पान पर खर्च किया जाएगा। सप्ताह में एक बार बच्चे मुफ्त में पार्क की सैर भी कर सकेंगे, ताकि वे देख सकें कि उनके द्वारा गोद लिये गए

जानवरों की सेहत कैसी है। गौर करने लायक है कि जानवरों को गोद लेने की पहल शहर में सबसे पहले इन बच्चों ने ही की है। इसके लिए उनका और उनके स्कूल का नाम अब हिरनों के बाड़े के बाहर लगाए गए बोर्ड पर बड़े-बड़े अक्षरों में लिखा गया है।

तीसरी कहानी—इसी सोमवार की बात है। पश्चिम बंगाल के पुरुलिया में रह रहे दीपक और ललिता महतो को अचानक अपने घर के बेडरूम की दीवार टूटने की आवाज सुनाई दी। वहाँ उनका बच्चा सो रहा था। वे बेडरूम की तरफ लपके। वहाँ जो देखा, उस पर उन्हें सहज यकीन नहीं हुआ। एक लुटेरा दीवार में सेंध लगाकर अंदर आ चुका था। बच्चा उसके पास ही था। दीवार के टुकड़े उसके शरीर पर गिरे थे। वह बच्चे के शरीर पर से टुकड़े हटा रहा था। पूरी तरह उसके शरीर से टुकड़े हटाकर उसने रोते बच्चे को चुप कराया। जब वह शांत हो गया तो चुपचाप उसे उसकी माँ को सौंपकर भाग गया।

फंडा यह है कि मदद सिर्फ एक शब्द नहीं है, जिसे हमारे पूर्वजों ने गढ़ दिया है, बल्कि यह एक शक्तिशाली मंत्र है, जिसको हम उचित समय पर सही लोगों के लिए इस्तेमाल कर सकते हैं। इस मंत्र में दुनिया जीत लेने की ताकत है। यहाँ तक कि जंगली जानवरों को भी।

□

सबके भीतर एक कर्ण है, जिसे मदद की जरूरत है

'महाभारत' महाकाव्य का दृश्य। 'कुरुक्षेत्र के मैदान में कर्ण घायल पड़े हैं, लेकिन उनके दान-पुण्य की वजह से प्राणों ने देह छोड़ने से मना कर दिया है। लहू-लुहान और दर्द से कराह रहे कर्ण की मदद को तब भगवान् कृष्ण भिक्षुक के वेष में आकर उनके पूरे पुण्य कर्मों की भिक्षा माँग लेते हैं। कर्ण भी बेझिझक यह दान दे देते हैं और ठीक उसी वक्त प्राण उनका शरीर छोड़ देते हैं।' परदा गिरता है। सामने बैठे दर्शक सीटों से खड़े होकर ताली बजाने लगते हैं। केरल और कर्नाटक की सीमा पर मौजूद कुट्टा कस्बे के एक थिएटर का यह दृश्य था। नाटक खत्म होने के बाद भीड़ उस हीरो को घेर लेती है, जिसने कर्ण की भूमिका निभाई थी।

काफी देर बाद जब भीड़ छँटी तो मैं भी उससे मिला। वह नाटक-मंडली का लीडर था। उसने अपना नाम बताया, 'करथीवरन'। केरल के वायनाड कस्बे का रहनेवाला है। हलकी-फुलकी बातचीत के बाद हम दोनों ने एक-दूसरे से विदा ली। अगली सुबह जब मैं सैर के लिए निकला तो करथीवरन भी मिल गया। बस-स्टॉप पर खड़ा था। ढेर सारा लगेज साथ था। अचरज की बात यह कि वह कर्ण की वेशभूषा में ही था। मैं एक दोस्त के साथ चाय की दुकान पर बैठा था। तभी दुकान मालिक ने करथीवरन को आवाज लगाई, "ए कर्ण! एक कप चाय पिओगे।" दुकान पर हमें देखकर उसने हलकी मुसकराहट बिखेरी। अपने कपड़ों के अंदर शायद बनियान में मौजूद जेब में हाथ डाला। कुछ सिक्के निकाले। गिने और फिर चाय पीने से मना कर दिया। दुकानवाले

से झिझकते हुए कहा, ''मैं वायनाड में जाकर चाय पी लूँगा।'' दुकानदार ने कहा, ''तुम जानते हो कि कूर्ग की चाय केरल के किसी भी हिस्से से बेहतर होती है।''

इससे उस 'कर्ण' ने कहा, ''मेरे पास पैसे नहीं हैं। जितने हैं, उतने में घर तक ही पहुँच सकता हूँ।'' इतना सुनते ही दुकानदार गुस्से में बोला, ''क्या मैंने तुमसे पैसे माँगे हैं?'' वह बोले जा रहा था, ''तुम्हें देखने स्टेज के सामने बैठे सब-के-सब लोग स्वार्थी किस्म के थे। उनको तुमने नाटक के जरिए दोस्ती का धर्म और मर्म समझाया। अपने दोस्त के लिए (कर्ण ने दुर्योधन के लिए) जान दे दी। मैं तुमसे पैसे माँग भी कैसे सकता हूँ।'' इतना कहते हुए वह करथीवरन के पास पहुँच चुका था। हाथ में चाय का बड़ा प्याला था। साथ में ब्रेड का टुकड़ा भी था। इस वक्त वह दुकानदार कर्ण की भूमिका में था। मैं यह सब देख-सुन रहा था। मैंने उससे पूछा, ''नाटक से एक बार में तुम्हें कितनी कमाई हो जाती है।'' उसने बताया, ''सब ठीक रहा तो 2,000 रुपए मिल जाते हैं, लेकिन अगर नाटक के दौरान ही बिजली चली गई तो जनरेटर चलवाना पड़ता है और कमाई कम हो जाती है।'' उसकी बात अभी खत्म नहीं हुई थी। बोला, ''कल की ही बात है। जिस स्कूल में हमने नाटक खेला था, वहाँ से हमें तयशुदा भुगतान भी नहीं मिला, जबकि हमारे नाटक में काम करनेवाले सभी लोगों की आय का यही एक जरिया है।''

''दर्शक के तौर पर मौजूद स्कूल के कर्मचारी अपने वेतन से कुछ कटौती करके हमें पैसे देने को तैयार थे, लेकिन हम लोगों ने मना कर दिया।'' मैं समझ चुका था कि इस आदमी के लिए कर्ण सिर्फ स्टेज पर खेला जानेवाला चरित्र नहीं है। उस चरित्र के साथ वह पूरी तरह मिल चुका है। वह बता रहा था, ''असल में मुझे डॉक्टर का भुगतान करने के लिए 1200 रुपए चाहिए। पूरे 12 साल के इंतजार के बाद मेरी पत्नी ने बच्चे को जन्म दिया है। अब पता नहीं कि मैं डॉक्टर का सामना कैसे करूँगा।'' उसकी आँखों में आँसू थे। हमारी बातें मेरा दोस्त भी सुन रहा था। वह उन लोगों को जानता था, जिन्होंने नाटक आयोजित किया था। उसने तुरंत उनको कॉल करके कड़क आवाज में पैसों को लेकर पूछताछ की। दूसरी तरफ सफाई देने के लिए कोई दलील नहीं थी, इसलिए तुरंत उनका एक आदमी वहाँ आ गया। आयोजकों ने बाकी के पैसे

भेजे थे। करथीवरन को उसका बचा हुआ भुगतान मिल गया था। उसने उस व्यक्ति के पैर छुए और खुशी-खुशी बस में बैठ गय । मैंने पहली बार 'कर्ण' को किसी से कुछ लेते हुए देखा। वह भी खुशी से।

फंडा यह है कि कर्ण का चरित्र हम सबके भीतर है किसी-न-किसी रूप में। इस चरित्र को हम जितना ज्यादा उभार सकें, उभारना चाहिए, ताकि इस स्वार्थी दुनिया को हम कुछ-न-कुछ देकर जा सकें।

□

कुछ उपहार ऐसे होते हैं, जो पैसों से नहीं खरीदे जा सकते

उत्तर प्रदेश के प्रतापगढ़ की रामकुमारी यादव को पता नहीं था कि उन्हें कहाँ जाना है। उन्हें तो बस भीतर से कोई आवाज सुनाई दी कि घर छोड़ दो और उन्होंने यही किया। ट्रेन के अनरिजर्व्ड कंपार्टमेंट में जा बैठीं। वह भी बिना टिकट। ट्रेन जहाँ ले जा रही थी, वे भी वहीं चली जा रही थीं। कोई मंजिल नहीं थी। भूख लगने पर खाना भी उन्हें साथी यात्री दे रहे थे। एक दिन बाद ट्रेन चेन्नई पहुँची तो वे वहीं उतर गईं।

दिलोदिमाग स्थिर नहीं था, इसलिए पहचान तक भूल चुकी थीं। शहर की एक व्यस्त सड़क पर अचानक उन्हें दौरे पड़ने लगे। वे चीखने लगीं। साड़ी फाड़ने लगीं। खुशकिस्मती से उन्हें दो लड़कियों—वंदना गोपीकुमार व वैष्णवी जयकुमार ने देख लिया। दोनों मेडिकल साइकाइट्रिक सोशल वर्क की स्टूडेंट थीं। इन्होंने रामकुमारी को दिलासा दी और उन्हें अपने साथ ले लिया।

दोनों लड़कियों ने शहर के कई ठिकानों के दरवाजे खटखटाए, लेकिन दिमागी तौर पर अस्थिर महिला को रखने के लिए कोई तैयार नहीं हुआ। इसलिए उन्होंने खुद ही उनके लिए ठिकाना बना दिया। अपने घर के पास ही एक किराए का मकान लिया और उसमें रामकुमारी को ठहरा दिया। यह 1993 की बात है। धीरे-धीरे उनकी हालत में सुधार आने लगा और लोग दिमागी रूप से अस्थिर कुछ और महिलाओं को यहाँ लाने लगे।

वंदना और वैष्णवी ने इस ठिकाने का नाम भी रख दिया, 'द बनयान', यानी बरगद का पेड़। उनके माता-पिता ने भी सहयोग किया। वे यहाँ ऑफिस असिस्टेंट, रसोइए और हेल्पर, जिस किसी भी रूप में जरूरत होती, काम

करते। उस वक्त भी तमिलनाडु की मुख्यमंत्री जे. जयललिता ही थीं। उन तक भी इस प्रयास की खबर पहुँची। उन्होंने तुरंत अपनी ओर से इस आश्रय स्थल के लिए जमीन उपलब्ध करा दी।

टाटा के चेयरमैन रतन टाटा ने उस जमीन पर बिल्डिंग बनवा दी। आठ साल में 'द बनयान' की छाँव के नीचे दिमागी तौर पर अस्थिर करीब 400 महिलाओं को आसरा मिलने लगा। इस बीच रामकुमारी की हालत काफी सुधर गई। वे जब पूरी तरह ठीक हो गईं तो वंदना और वैष्णवी ने उन्हें प्रतापगढ़ वापस छोड़ आने का फैसला किया।

दोनों रामकुमारी के साथ प्रतापगढ़ पहुँचीं। वहाँ कई दिनों तक उनका घर ढूँढ़ा, लेकिन कोई फायदा नहीं हुआ। वे चेन्नई जाने के लिए ट्रेन पकड़ने रेलवे स्टेशन जा ही रही थीं कि रास्ते में एक साइकिलवाले ने रामकुमारी को देख लिया। उन्हें देखते ही ऐसे चिल्लाया जैसे भूत देख लिया हो।

फिर जब उसे रामकुमारी के होने का भरोसा हो गया तो उसने सवाल किया, ''क्या तुम बेला की माँ हो?'' बेला! रामकुमारी की सबसे बड़ी संतान। जब उन्होंने घर छोड़ा था तो वह महज 13 साल की थी। साइकिलवाला उन्हें लेकर रामकुमारी के घर पहुँचा।

रामकुमारी के घरवालों ने उन्हें मृत मान लिया था, लेकिन वे सबकी आँखों के सामने खड़ी थीं। उन्हें सामने देख उनके पति संतोष की तो बोलती ही बंद थी। दो बच्चे—राकेश और सपना ने माँ को देखा तो दौड़कर उससे लिपट गए। उस वक्त पूरे घर में सजावट थी।

लेकिन क्यों? यह न किसी ने पूछा, न जवाब मिला। फिर तभी, सामने से बेला आती दिखी। दुल्हन के लिबास में। आज उसकी शादी जो थी। इस मौके पर माँ को सामने देख उसकी खुशी का ठिकाना नहीं था। इससे बेहतर उपहार के बारे में वह शायद सोच भी नहीं सकती थी। पिछले 20 साल में वंदना और वैष्णवी अपने संगठन के जरिए करीब 1,066 लोगों को उनके परिवारों से मिला चुकी हैं।

फंडा यह है कि क्या आपने कभी किसी को ऐसा गिफ्ट दिया है, जो पैसों से न खरीदा गया हो? नहीं किया, तो एक बार कोशिश जरूर कीजिए।

□

खुशहाल जिंदगी को बरबाद कर देती है बुरी लत

कुट्टी कृष्णन एक दिहाड़ी मजदूर है। ईमानदार। शराब, बीड़ी-सिगरेट या तंबाकू की कोई बुरी लत नहीं। इस वजह से साथी भी उसकी काफी इज्जत करते हैं। लेकिन एक रोज उसकी पत्नी को कृष्णन का दूसरा पहलू भी पता चला। दरअसल, बीते कई दिनों से कृष्णन ने घर खर्च के लिए एक भी रुपया नहीं दिया। उसके पूरे परिवार को 10 दिन से भूखे पेट सोना पड़ रहा था। उसकी पत्नी को समस्या की वजह समझ नहीं आ रही थी। एक दिन अचानक उसकी मुलाकात कृष्णन के साथ काम करनेवाले कुछ लोगों से हुई। उन्होंने उसे बताया कि कृष्णन को लॉटरी खेलने की लत लग गई है। लॉटरी के टिकट खरीदने में ही वह अपनी रोज की कमाई खर्च कर देता है। कृष्णन की पत्नी पति के सामने घर की जरूरतों के लिए पैसे न होने का मामला उठाने लगी। इस पर कृष्णन कई बार आपा खो देता। अकसर उसके साथ मारपीट करता। इसके साथ ही पत्नी से एक बात और कहता कि अगर वह शराबी होता तो क्या करती।

कुट्टी लंबे समय से एक बात को नजरअंदाज करता आ रहा है। वह यह कि लॉटरी एक तरह का जुआ ही है। इसकी लत काफी तेजी से लगती है। कम आमदनी वाले लोग, जो एक बार इस लत के शिकार हो जाते हैं, इसे खरीदना नहीं छोड़ते। इसलिए उनके परिवार में अकसर अशांति और कलह बनी रहती है। कुट्टी की पत्नी उसे यह बात अकसर समझाती भी। कहती कि उसकी लत शराब के जैसी ही तो है, लेकिन वह कहाँ ये सब बातें समझता। केरल में कुट्टी जैसे लाखों लोग हैं। केरल में हर रोज 45 से 60 लाख सरकारी लॉटरी टिकट जारी होते हैं। इसके लिए सरकार ने दो प्रिंटिंग मशीनें भी लगाई हैं। राज्य में कम

आमदनीवाले लोगों के बीच लॉटरी की लत इतनी गहरी है कि राज्य में छपनेवाले टिकट भी कम पड़ जाते हैं। यहाँ दो तरीके के लॉटरी टिकट जारी होते हैं। पहले 20 रुपए की कीमत वाले टिकट। इनका ड्रॉ सप्ताह में चार दिन रोज निकलता है। दूसरे टिकट 40 से 50 रुपए कीमत के होते हैं। इनका ड्रॉ सप्ताह के आखिरी तीन दिनों में रोज निकाला जाता है।

राज्य के 14 जिलों में मौजूद लॉटरी ऑफिसों में एजेंटों के बीच सबसे ज्यादा माँग 20 रु. वाले टिकटों की होती है। बीते तीन महीनों से सरकार ने एक भी नया लॉटरी एजेंट नियुक्त नहीं किया है। कुछ साल पहले 10 लाख लॉटरियों से शुरुआत करनेवाला यहाँ का लॉटरी विभाग अब 500 लोगों के स्टाफ के साथ काम कर रहा है। लॉटरी के टिकट केरल के स्टेट सेंटर फॉर एडवांस प्रिंटिंग ऐंड ट्रेनिंग यूनिट और केरल बुक्स ऐंड पब्लिकेशन सोसाइटी में छपते हैं। सरकार ने इन दोनों यूनिटों को नई प्रिंटिंग मशीनों के लिए 10.50 करोड़ रुपए एडवांस देने का निर्णय भी लिया है। लॉटरियों से होनेवाली कमाई राज्य सरकार की आय का अहम हिस्सा है। लॉटरी डिपार्टमेंट का अनुमान है कि इस साल सरकार को टिकटों की बिक्री से करीब 37 सौ करोड़ आमदनी होगी। पहले उसका आकलन 36 सौ करोड़ का था।

साल 2012–2013 में राज्य सरकार को लॉटरी टिकटों की बिक्री से 2,780 करोड़ रुपए मिले थे। इन आँकड़ों से साफ है कि राज्य में कितने कुट्टी कृष्णन अपनी पारिवारिक जिंदगी को तबाह कर रहे हैं। समाजशास्त्री लॉटरी बूम को लेकर काफी चिंतित हैं। लॉटरी टिकटों की बढ़ती बिक्री के पक्ष में कथित तौर पर कहा जाता है कि इससे फंड की कमी से जूझ रही समाज–कल्याण की योजनाओं को चलाने में मदद मिलेगी। हालाँकि यह तर्क सवालों के घेरे में है। क्योंकि लॉटरी की लत के कारण ही कई लोग आर्थिक तौर पर कमजोर ही हो रहे हैं। फिर समाज–कल्याण कैसा?

फंडा यह है कि किसी भी तरह की लत हमारी आय के स्रोत को खत्म ही करती है। यह परिवार और व्यक्ति को भी ऐसा नुकसान पहुँचाती है, जिसकी भरपाई नहीं हो सकती। ऐसी आदतों को तुरंत छोड़ देना चाहिए।

□

कृत्रिम परिपक्वता के लिए नहीं है बचपन

उस दिन मुझे जिस डांस टीचर का शो देखने जाना था, उन्होंने स्टेज पर रखी माँ सरस्वती की प्रतिमा के नीचे रखे फलों के बारे में बेहद बारीक जानकारियाँ हासिल की हुई थीं। उन्होंने बताया, केले का रंग सुनहरा पीला है, क्योंकि इसे कैल्शियम कार्बाइड के चूरे में लपेटकर रखा गया था। इस वजह से केला महज 12 से 24 घंटों में ही पक जाता है, जबकि सामान्य तौर पर इसमें 20 दिन लगते हैं। अब यह केला जैविक नहीं रह गया। यह कहते हुए उन्होंने बेहद सावधानी के साथ अपने नाखून की मदद से सेब के ऊपर से मोम की परत अलग कर दी। मैं प्रकृति के प्रति उनकी गहन जानकारी के कारण उन्हें आश्चर्य के साथ देखता रह गया। उनका शो शुरू हुआ। कई तरह की प्रस्तुतियाँ दीं। छोटे-छोटे बच्चों ने लाजवाब प्रदर्शन किया। पूरी तरह से दोषरहित। इनमें से कुछ तो स्टार परफॉर्मर थे। उनका हर एक मूव सटीक व बेहद सुंदर ढंग से किया गया था। वे यूँ नाच रहे थे मानो नाचने के लिए ही पैदा हुए हैं। स्टेज पर उनकी प्रस्तुति, संगीत के प्रति उनका प्राकृतिक लगाव, उनकी उम्र को देखते हुए बेहद प्रभावी था, लेकिन गानों का चयन ठीक नहीं था। मैं बेहद भयाक्रांत होकर देख रहा था कि वे मासूम 'मुन्नी बदनाम हुई' व इसी तरह के अन्य आइटम सॉन्ग की धुनों पर किस तरह गोल-गोल घूमकर नाच रहे थे। वे इन गानों के मूल डांसरों की तरह हू-ब-हू नाचने की कोशिश कर रहे थे। जब उन्होंने 'एटम बम हुई डॉर्लिंग तेरे लिए', के बोल पर अपने शरीर को हिलाना शुरू किया तो भारी शर्मिंदगी में मैंने अपनी आँखें बंद कर लीं।

इसके बाद जाने-पहचाने 'शीला की जवानी' के बोल कानों में पड़े।

बाल कलाकारों में से एक स्टार परफॉर्मर ने हू-ब-हू डांस करना शुरू कर दिया। उसने कटरीना कैफ के हर एक ठुमके को यहाँ बेहतरीन ढंग से दोहराया। इस गाने के बाद कई और आइटम नंबर दोहराए गए। इन दस वर्षीय लड़कियों ने एक-एक कर अपनी क्षमता दिखाई। कमर मटकाई। 'पव्वा चढ़ा के आई' पर शराब गटकने की भाव-भंगिमाएँ भी पेश कीं। इस दौरान वह सीट मेरे लिए असुविधाजनक हो गई थी।

कार्यक्रम के बाद उनमें से एक ने मुझसे अपनी राय देने को कहा। 'मैंने बच्चों को वयस्कों के गानों पर डांस कराने पर सवाल उठाए।' इस पर वे सभी एक सुर में बोले कि बच्चों को ये गाने अच्छे लगते हैं। तकरीबन हर कोई मुझसे टीवी की दुनिया में मेरी जान-पहचान के बारे में पूछ रहा था। उन्हें भरोसा था कि उनके बच्चे एक-न-एक दिन टीवी स्क्रीन पर आएँगे। बातचीत जारी रही। उन्होंने टीचर्स को किए जा रहे भुगतान की बात की। बच्चों की क्षमता के बारे में बात की। भरोसा जताया कि वह किसी रियलिटी शो में जाएगा। लेकिन मैं इस सबसे दूर ही रहा।' एक बात तो पक्की थी। हर माँ अपने बच्चे को टीवी स्टार के तौर पर देखना चाहती है! वह अपने बेटे-बेटी को अश्लील गानों पर नाचने देना चाहती है। ऐसे शब्दों पर जिनका अर्थ बच्चे जानते तक नहीं।

कुछ मिनट की प्रसिद्धि के लिए अतिमहत्त्वाकांक्षी माता-पिता कुछ भी कर सकते हैं। सिर्फ अपनी किटी पार्टी में उन पर बात करने के लिए। तब टीचर को मेरा आरोप लगाना अच्छा नहीं लगा। मेरी आँखें उसे काल्पनिक और टीवी की अनिश्चित प्रसिद्धि की चकाचौंध में बचपन को कृत्रिम परिपक्वता देने का आरोपी ठहरा चुकी थीं। फलों की जानकारी के लिए उन्होंने मुझसे जो सम्मान पाया था, वह खत्म हो चुका था। वह मेरी नजर को समझ गई थी। मुझे हॉल के बाहर तक छोड़ने आई। घर आते समय मैंने अपने आपसे पूछा कि क्या हम माता-पिता अपनी कभी न खत्म होनेवाली महत्त्वाकांक्षा को पूरा करने के लिए 'बचपन के फल' को जानबूझकर पका रहे हैं। हम बचपन की प्रसिद्धि से अदला-बदली कर रहे हैं। हो सकता है कि बच्चे यह पसंद न करें।

माता–पिता के तौर पर मैंने और मेरी पत्नी ने शुरुआती वर्षों में बेटी की मासूमियत का लुत्फ उठाया। हमने उसकी मासूमियत को हमारी कभी न खत्म होनेवाली महत्त्वाकांक्षाओं के हत्थे चढ़ाकर मौत के घाट नहीं उतरने दिया। आपको पसंद आए या न आए, तथाकथित जवानी हर एक की जिंदगी में जल्द ही आएगी। फिर चाहे वह रीना हो या शीला या मीना।

फंडा यह है कि जब तक वयस्कता हमारी ओर देखना शुरू न करे, तब तक हमें बचपन के क्षणिक पलों का लुत्फ उठाना चाहिए। ये दिन कभी नहीं लौटेंगे।

□

लंबे समय तक बना रहता है, प्यार के नियम-कायदों का असर

कई साल पहले की बात है, जब जैकब नीड्लमैन सैन फ्रांसिस्को स्टेट यूनिवर्सिटी में अपने छात्रों को पढ़ा रहे थे। एक्जीक्यूटिव प्रोग्राम के तीस छात्रों से उन्होंने एक सवाल पूछा, हम अच्छे कैसे बन सकते हैं? एक छात्र ने अपने हाथ खड़े किए और कहा कि मैंने अच्छाई अपने पाँच वर्षीय बेटे से सीखी। उसने आगे बताया कि मैं और मेरा बेटा मैक्सिको में क्रिसमस का आनंद ले रहे थे। वह प्रफुल्लित होकर उन खिलौनों के साथ खेल रहा था, जो एक रात पहले उसे मिले थे, तभी पास की झुग्गियों में रहनेवाला एक लड़का वहाँ आया।

मैंने बेटे से अपना एक खिलौना उसे देने को कहा। उसने पहले तो मना कर दिया, लेकिन कुछ मिन्नतों के बाद वह राजी हो गया और वह खिलौना लेकर आया, जो उसे सबसे कम पसंद था। मैंने बेटे की आँखों में देखते हुए कहा कि तुम उसे अपना पसंदीदा खिलौना दे दो। इस बार उसने मेरी बात मानने से इनकार कर दिया, लेकिन मेरा कड़ा रुख भाँपकर वह अनमने ढंग से दरवाजे की ओर गया और अपना मनपसंद खिलौना उसे दे दिया।

स्वाभाविक रूप से मुझे यही लग रहा था कि लौटकर आने पर मुझे अपने बेटे को समझाना-बुझाना पड़ेगा, उसे ढाढ़स बँधाना होगा, लेकिन मेरे आश्चर्य का ठिकाना नहीं रहा, जब लौटते हुए उसकी चाल में मैंने एक अलग तरह का उत्साह महसूस किया। एक पाँच वर्षीय बच्चे के भोलेपन के साथ मेरी आँखों में देखते हुए उसने कहा कि यह बड़ा ही अनोखा अनुभव था। क्या मैं फिर से ऐसा कर सकता हूँ?

कई साल पहले जब मेरी बेटी छह साल की थी, तब दिवाली के समय मैंने उसे समझाया कि हमें पटाखे नहीं खरीदने चाहिए, क्योंकि एक तो वे वातावरण को प्रदूषित करते हैं और दूसरा पैसों को जलाने का कोई नतीजा नहीं निकलता। पटाखों को जलाने और इसके धमाके की आवाज से मिलनेवाली खुशी इस पर खर्च होनेवाले पैसे से कहीं कम है। मेरे इस भाषण का उस पर कोई असर नहीं पड़ा। उसकी उम्र के दूसरे बच्चों की तरह उसने बिना देर किए मेरी बात का विरोध किया, लेकिन मेरे कड़े रुख को भाँपकर दरवाजे की ओर अपनी दादी के पास चली गई। मेरी माँ उसका हाथ अपने हाथों में लेकर उसे समझाने लगी कि किस तरह जानवर पटाखों से डरते हैं और धमाकों की आवाज से असहज हो जाते हैं। उसे कुछ समझ नहीं आया, सिवाय इसके कि हमारे पालतू डॉगीज किस तरह पटाखों की आवाज सुनकर पलंग के नीचे छिप जाते हैं।

दरअसल, दिवाली से तीन दिन पहले स्कूलों में छुट्टियाँ शुरू हो जाती हैं और बच्चे पटाखे जलाने की प्रेक्टिस शुरू कर देते हैं। इससे परेशान हमारे घर के डॉगीज पलंग के नीचे छिपने को मजबूर हो जाते हैं। मेरी माँ बाहर गईं और कॉलोनी के सभी कुत्तों को खाने का लोभ देकर अपने साथ घर ले आईं। कॉलोनी के सभी डॉग्स हमारे पालतू जानवरों को अच्छी तरह जानते हैं और इनमें से बारह कुत्ते खुशी-खुशी घर आ गए। अगले पाँच दिनों तक वे सभी हमारे घर में ही रहे और पटाखों की आवाजों से बचने के लिए कार के नीचे छिपने की मजबूरी से बच गए।

मेरी बेटी उनके साथ खूब घुल-मिल गई। उसने इन सबका अलग-अलग नाम रखा और उन्हें अपने हिस्से का खाना तक खिलाया। इसके बाद वे जब तक कॉलोनी में रहे, उनका यही नाम रहा। वे मेरी बेटी का खूब ध्यान रखते और यदि कभी वह उनसे रूखा व्यवहार भी करती तो उसका बुरा नहीं मानते। यह कहानी करीब 15 साल पुरानी हो चुकी है और तब से लेकर आज तक हमने एक भी पटाखा नहीं खरीदा है।

फंडा यह है कि प्यार का कानून ऐसा होता है, जो आपको अच्छे काम बार-बार करने के लिए बाध्य कर देता है और इसका असर लंबे समय तक बना रहता है।

□

'ईटिंग आउट' माँ का विकल्प नहीं, लेकिन रिश्तों को मजबूती देने का समय है

एक हफ्ते के लिए मैं लंदन में मेरी सिस्टर-इन-लॉ के घर गया था। मैं वहाँ पहुँचा ही था कि बुरी खबर आई, भारत में उसके पैरेंट्स की तबीयत बिगड़ गई है। मुझे उसके 7 और 12 साल के बेटों की जिम्मेदारी सौंपी गई। उन्हें कोई तकलीफ नहीं होगी, मेरे इस आश्वासन पर वे रवाना हुए।

छोटा बच्चा निराश हो गया था, लेकिन उसका ज्यादा अनुभवी बड़ा भाई हालात समझता था। उसने छोटी अवधि के लिए दूर जाने पर पैरेंट्स को कभी मिस नहीं किया था। उसके ग्रैंड पैरेंट्स बहुत ही कोमल हृदय हैं और उसे बहुत प्यार करते हैं। जब भी माँ घर पर नहीं होती तो उसके पिता उसे बाहर ले जाते। पसंदीदा कार्टून शो देखने को मिलते। उसने चुपके से छोटे भाई को कोहनी मारी और दोनों कमरे से बाहर निकल गए। स्पष्ट है कि बड़े भाई ने पैरेंट्स के बिना जिंदगी की खूबसूरत तसवीर बना ली थी। भले ही पैरेंट्स की अपने बारे में बनाई तसवीर को क्षति पहुँची हो, लेकिन क्या करें लड़के, लड़के ही होते हैं।

बड़ा भाई पूछ रहा था, ''आप कब निकल रही हो, माँ?'' मेरा भी ध्यान इस पर गया। इसमें ऐसा कोई संकेत नहीं था कि बच्चे को पैरेंट्स द्वारा पीछे छोड़कर जाने से घबराहट हो रही है। माँ हैरान थी। उसके हाव-भाव देखकर, मैंने उनका बचाव किया, ''भारत में आपके पैरेंट्स आपको देखकर खुश होंगे, होंगे न?''

उनकी माँ उन्हें रोज फोन करती थी। चूँकि पैरेंट्स की सेहत सुधर रही

थी, उसने यात्रा अवधि दो दिन कम की और घर लौट आई। वापसी की फ्लाइट में उसने सोचा होगा कि वह बच्चों पर नाराज नहीं होगी। डाँटेगी नहीं। भले ही कमरे का सामान बिखरा हुआ हो। दोनों की हालत बहुत बुरी ही क्यों न हो?

लेकिन जैसे ही उसने घर में प्रवेश किया, वह चकाचक दिखा। बिस्तर अपनी जगह था। टेबल पर कोई गंदगी नहीं थी। किचन चमचमा रहा था। उसने कहा, ''जब मैं होती हूँ, तब भी घर इतना साफ नहीं रहता। मैं बहुत प्रभावित हुई। यह सब सच में बहुत ही अच्छा है।''

बड़े भाई ने कहा, ''हर रोज घर ऐसे ही साफ-सुथरा रहा।'' उसने माँ के फुलाए खुशनुमा एहसास के गुब्बारे को भी फोड़ दिया। छोटा भाई धीरे से अपने कमरे से बाहर आया और पूछ बैठा, ''आप आज क्यों आ गईं?'' आखिर में बोल पड़ा, ''अंकल हमें लंच के लिए बाहर ले जा रहे थे!''

ओह, तो इसने उसे निराश किया। कुछ पल के लिए मैंने भी उसकी माँ के चेहरे पर आहत होने की भावना का अनुभव किया, अनचाहे जैसा एहसास। मैंने उससे उसके छोटे से दिमाग की ओर से सबकुछ देखने को कहा। सभी लंच के लिए बाहर जाने को लेकर उत्साहित थे। पैरेंट्स ने दो दिन पहले आकर उनकी योजना को धराशाई कर दिया। उन्हें लग रहा होगा कि अब उनका लंच घर पर ही होगा। कितना बोरिंग है!

मैंने सुझाव दिया कि वह खुद ही बाहर जाने की पेशकश करे, क्योंकि वह फ्लाइट में दस घंटे के सफर से थक चुकी है। माहौल थोड़ा हलका हुआ। बच्चा अपनी माँ के पास दौड़कर गया। उसे गले लगा लिया। सात साल के बच्चे ने कहा, ''आप लौट आए, इससे मुझे बहुत खुशी हुई।'' मैं जानता हूँ कि वह दिल से बोल रहा था।

फिर मैंने उससे पूछा, 'क्या निर्धारित कार्यक्रम से दो दिन पहले आपके लौटने पर आपके पैरेंट्स ने भी ऐसा ही नहीं सोचा होगा? आपने अपने बच्चों को उन पर तरजीह दी। इसी तरह का एहसास आपको हुआ, जब बच्चे ने बाहर जाकर खाना खाने को माँ पर तवज्जो दी।'

वह समझ गई। डाइनिंग टेबल पर दोनों बच्चे मुझे अकेला छोड़कर अपने पैरेंट्स से जाकर चिपक गए। मैंने धीरे से अपने फोन, फेसबुक और मेल पर काम करना शुरू कर दिया। क्योंकि बाहर खाना खाना हमेशा से ही एक

परिवार के लिए रिश्तों को मजबूती देने का समय होता है। मैंने यह भी महसूस किया कि यह माँ के हाथ से बने खाने की जगह नहीं ले सकता।

फंडा यह है कि रिश्तों को मजबूती देने के लिए ईटिंग आउट श्रेष्ठ समय होता है। यह पिता-बेटी, माँ-बेटे के क्षण होते हैं, आजकल लंच या डिनर के लिए बाहर जाना सामान्य हो गया है। सुविधाजनक होने की वजह से यह अकसर होता है। मुझे लगता है कि इसने रिश्तों को मजबूती देने की प्रक्रिया गँवा दी है। क्या मैं सही हूँ? मैं नहीं जानता।

□

अच्छे पलों को हमेशा याद रखते हैं लोग

मामा मैं स्टार बक्स जाना चाहती हूँ, लेकिन पवई या कहीं आसपास नहीं। मुझे तो दक्षिण मुंबई के कोलाबा स्थित स्टार बक्स जाना है। मैं चाहती हूँ कि आप मुझे बांद्रा सी लिंक होते हुए और लौटते हुए नए शुरू हुए मुंबई एक्सप्रेस फ्री वे होते हुए ले चलें। त्योहार की छुट्टियों में तीन दिन के लिए घर आई मेरी भानजी का यह आग्रह था या आदेश, मैं नहीं समझ पाया। लेकिन उसकी बात का जवाब दिए बगैर मैं उसके कहे मुताबिक करता रहा। मैं हर मिनट का हिसाब रखता हूँ और मुझे यह भी पता है कि स्टार बक्स का स्वाद हर जगह एक जैसा होता है, फिर भी मैंने उसकी बात मान ली। रास्ते भर वह बातें करती रही। अपने दोस्तों के बारे में जो स्कूल की लड़कियों के साथ अजीब व्यवहार करते हैं और कपड़ों के बारे में जो वह पहनना चाहती है, लेकिन माँ की डाँट के डर से पहन नहीं पाती। इसके अलावा उन चीजों के बारे में बोलती रही, जो हमारे परंपरावादी परिवार में अच्छी नहीं समझी जातीं। इस बीच वह फोटो भी क्लिक करती रही और हर पाँच मिनट में अपना स्टेट्स अपडेट करने लगी।

मौका मिलते ही उसने अमिताभ बच्चन के घर के बड़े दरवाजे की तसवीर ली, लेकिन चौपाटी बीच के किनारे राजभवन की हरियाली उसे अच्छी नहीं लगी। सी लिंक, लेपार्ड कैफे, जहाँ अजमल कसाब और उसके साथियों ने सबसे पहले गोलीबारी शुरू की थी, गेट वे ऑफ इंडिया, ताज होटल और स्टार बक्स का पहला भारतीय आउटलेट, ये सारी तसवीरें उसके फेसबुक पेज पर पहुँच गईं। पिछले कुछ सालों से जब भी मेरे भानजे-भानजियाँ मेरे पास आते हैं, मैं उनसे कभी भी पढ़ाई-लिखाई, स्कूल, क्लास, टीचर जैसी चीजों के

बारे में कोई बात नहीं करता।

मैं अच्छी तरह जानता हूँ कि घर के बाहर बच्चे इन सब चीजों के बारे में बात करना बिल्कुल पसंद नहीं करते। मैंने कई लोगों को देखा है, जो बच्चों से मिलकर हैलो करते हैं और फिर मोबाइल में व्यस्त हो जाते हैं। फिर अचानक बच्चों की मौजूदगी की याद आते ही वे पूछने लगते हैं, आप किस क्लास में पढ़ते हो और आपके ग्रेड कैसे आते हैं?

कोई त्योहार हो या परिवार में कोई समारोह हो, बच्चों को ऐसे सवालों के जवाब कई बार देने पड़ते हैं और इसलिए वे ऐसे मौकों पर जाना बिल्कुल पसंद नहीं करते। मेरी एक भतीजी ने तो इसके लिए अनोखा तरीका निकाल लिया था। वह एक शादी में आई तो अपने साथ एक प्लेकार्ड लेकर आई, जिस पर उसने अपनी पढ़ाई-लिखाई के बारे में सारी बातें लिख कर रखी थीं। जैसे ही कोई उससे कुछ पूछता, वह प्लेकार्ड लेकर सामने खड़ी हो जाती। घर या ऑफिस में लोगों से मिलते-जुलते मुझे हमेशा डॉ. माया एंजेलो की याद आती है। मशहूर नॉवेलिस्ट, शिक्षाविद्, नाटककार, इतिहासकार, अभिनेता, फिल्म-निर्माता और सिविल राइट्स एक्टिविस्ट माया ने अपनी एक किताब में लिखा है कि लोग आपके काम और बातों को याद नहीं रखते, लेकिन आपके साथ जुड़े अनुभवों को हमेशा याद रखते हैं। अफ्रीकी-अमेरिकी क्षेत्र की पारिवारिक परंपराओं और मूल्यों में लेखिका का अटूट विश्वास है। मैं उनकी लिखी दो किताबें 'आई नो व्हाई द केज्ड बर्ड सिंग्स' और 'ऑल गॉड्स चिल्ड्रन नीड ट्रेवलिंग शूज' कभी नहीं भुला सकता। यदि आप भी इन किताबों को पढ़ें तो मेरा पूरा भरोसा है कि चाहे कितना भी कठोर इनसान क्यों न हो, उसकी आँखों में भी आँसू आ जाएँगे और वह अपने आसपास मौजूद सभी इनसानों को सम्मान की नजरों से देखने लगेगा।

फंडा यह है कि त्योहारों का समय दोस्तों और सगे-संबंधियों से मिलने का होता है। आप उन्हें अच्छा अनुभव दें तो ऐसे मौके हमेशा के लिए यादगार बनकर रह जाते हैं। आपको नहीं लगता कि हमें इसके लिए कोशिश करनी चाहिए?

□

देने का सुख जीवन भर चलनेवाली परंपरा है

मई 1969, यह गरमियों की बात है। नागपुर में मैं अपनी माँ के साथ साइकिल रिक्शा से ठेकड़ी रोड से गुजरते हुए रेलवे स्टेशन की ओर जा रहा था। खड़ी चढ़ाईवाली सड़क और उसके किनारे जूस बेचनेवालों के ठेले। उन दिनों बर्फ का ठंडा पानी पाँच पैसे में दिया करते थे। यह एक चलन सा हो गया था कि रिक्शे में बैठे हर युवक को उतरकर उसे पीछे से धक्का देना होता था। हम अभी प्रसिद्ध गणेश मंदिर के पास पहुँचे ही थे कि मेरी माँ ने रिक्शेवाले को रुकने के लिए कह दिया। एक ठेलेवाले को तीन गिलास संतरे के जूस का ऑर्डर दिया। थोड़ी देर में दुकान में काम करनेवाला लड़का बड़े-बड़े गिलासों में जूस लेकर आ गया। यह देख मैंने माँ से पूछा, ''क्या आप दो गिलास जूस पिएँगी।'' वे मुसकरा दीं और मेरे सिर पर थपकी मारकर बोलीं, ''जाओ और यह एक गिलास उस रिक्शेवाले को देकर आओ। वह बेचारा 15 मिनट से इस चढ़ाई और तेज गरमी में रिक्शा खींच रहा है। आखिर वह भी तो इनसान है।'' मैं उस वक्त स्कूली बच्चा था। ज्यादा समझ नहीं पाया। मैंने जब रिक्शेवाले को जूस का गिलास दिया तो वह दोनों हाथों से उसे पकड़कर यूँ पी रहा था, जैसे अमृत मिल गया हो।

उस घटना के बाद भी कई बार मैंने अपनी माँ को ऐसे ही कई काम करते देखा। घर में जब भी कोई मजदूर काम करने आता, पेंटर पुताई करने आता या बढ़ई फर्नीचर बनाने या ठीक करने आता तो वे उसे खाना खिलाती थीं। मैं उनसे अकसर तर्क किया करता कि ऐसे लोगों को खिलाने-पिलाने का क्या मतलब? हम उन्हें उनके काम के एवज में पैसे तो देते ही हैं, लेकिन माँ कहाँ सुनने चलीं। वे वही करतीं, जो उन्हें ठीक लगता। शायद ठीक होता भी था। उन दिनों ट्रेनों

में पेंट्री कार (रसोईवाला डिब्बा) नहीं होती थी। इसलिए मद्रास से दिल्ली जानेवाले मेरे रिश्तेदार या जान-पहचानवाले अकसर एक पोस्टकार्ड में मेरी माँ को चिट्ठी भेजते थे। इसमें वे अपनी यात्रा की तारीख और ट्रेन के बारे में बताते। और मेरी माँ मुझे लेकर हमेशा उन लोगों के लिए निश्चित तारीख और समय पर रोटी-सब्जी, इडली, दही, चावल आदि लेकर स्टेशन पहुँच जातीं। ये लोग मुझे बिल्कुल पसंद नहीं थे, लेकिन क्या करता। ट्रेन चलने लगती तो कई बार वे मुझे केला या उनके पास रखा कोई दूसरा फल पकड़ा जाते। वे जाते-जाते मेरी माँ को अपने लौटने की तारीख और ट्रेन का टाइम भी बता देते। इसका मतलब कि उन्हें लौटने पर भी खाना चाहिए। स्टेशन से लौटते वक्त मैं माँ के एक चेहरे पर संतोष और आनंद का भाव साफ देखता था। हमेशा ही किसी-न-किसी को खाना खिलाकर उन्हें खुशी मिलती थी। ठीक इसी तरह की खुशी उन्हें तब भी होती थी, जब मेरे पिता हर शाम काम से लौटते वक्त उनके लिए मोगरे का गजरा लेकर आते थे।

एक बार मैं गरमियों की छुट्टियों में नाना-नानी के घर गया। वहाँ मैंने अपनी नानी की एक अजीब सी आदत देखी। वे रोज डाकिए को एक गिलास मठा पिलाती थीं। डाकिया रोज घर आता। ज्यादातर मौकों पर नानी से यही कहता कि आज कोई चिट्ठी नहीं आई है। फिर बैठता और मठा पीकर चला जाता। मैंने इसकी वजह जाननी चाही तो मुझे बताया गया कि जब भी कोई चिट्ठी आती है, वह डाकिया उसे पढ़कर नानी को सुनाता है, क्योंकि नानी पढ़ी-लिखी नहीं थीं। मैंने नानी से कहा कि आपके पत्र मैं पढ़ दिया करूँगा तो नानी मुसकराकर बोलीं, ''छुट्टियों के बाद तू चला जाएगा, तब मैं क्या करूँगी?'' किसी को कुछ देकर उनके चेहरे पर वैसी ही खुशी दिखती थी, जैसी मैं अपनी माँ के चेहरे पर देखता था, जब वे इसी तरह का कोई काम किया करती थीं। मैं नहीं जानता कि नानी और माँ से मिली इस परंपरा को मैं अपने बच्चों को दे पाऊँगा या नहीं, लेकिन इतना जरूर जानता हूँ कि देने के इस सुख में कुछ तो खास था और है भी।

फंडा यह है कि 'देने का सुख' एक हफ्ते का समारोह नहीं हो सकता। यह तो जीवन भर चलनेवाली प्रक्रिया है। यही हमारी संस्कृति है।

□

दूसरों से अलग कहलाना है तो सिर्फ अच्छे इनसान हो जाइए

पहली कहानी—आबा विट्ठल रानावारे देश के सबसे बड़े शहर मुंबई की सिटी बस सर्विस-बेस्ट के ड्राइवर हैं। दूसरे ड्राइवरों से वे इसलिए अलग हैं, क्योंकि वे ड्राइविंग सीट पर बैठे हुए भी सड़क के दोनों ओर नजर रख सकते हैं। कंक्रीट के इस जंगल, मुंबई में पेड़ों की अवैध कटाई पर खास निगाह रखते हैं। वैसे, किसान परिवार से ताल्लुक रखते हैं आबा। इस वजह से उन्हें हरियाली से स्वाभाविक तौर पर प्रेम है। बस चलाते हुए वे सड़क के किनारे जहाँ कहीं भी पेड़ों को कटते देखते हैं, तुरंत स्थानीय पुलिस और नगरीय निकाय को फोन पर सूचना दे देते हैं। अब हालत यह हो गई है कि जो लोग नियमित तौर पर पेड़ काटते हैं, वे आबा की बस गुजरते देख यहाँ-वहाँ छिप जाते हैं, लेकिन उनकी चौकन्नी निगाहें उन लोगों को फिर भी देख लेती हैं। वे किसी पुलिसवाले की तरह उन्हें बाहर खींच लाते हैं। पुलिस और नगरीय निकाय के अधिकारी भी रोज उनके फोन का इंतजार करते रहते हैं। जो भी सूचना मिलती है उसके आधार पर तुरंत आरोपियों पर काररवाई की जाती है। आबा दावा करते हैं कि पेड़ों को बचाकर वे प्रकृति की करुणा और दया का कर्ज अदा कर रहे हैं।

दूसरी कहानी—साल 2002 में पूर्णिमा स्वपन को 49 साल की उम्र में पता चला कि उन्हें गर्भाशय का कैंसर है। उन्हें और उनके पति स्वपन, जो उस वक्त 59 साल के थे, को यह जानकर बड़ा झटका लगा। कोलकाता के

इस दंपती ने सर्जरी और उसके बाद मेडिकल बिलों को चुकाने में पूरी जिंदगी की कमाई लगा दी। इन सबके लिए उन्हें दस साल के दौरान मुंबई के टाटा मेमोरियल हॉस्पिटल की कई ट्रिप करनी पड़ी। अब कहीं जाकर मेडिकल बिल पूरी तरह चुक पाने की स्थिति आई है। स्वपन कलाकार हैं। वायलिन बजाते हैं। मूर्तियाँ और पेंटिंग्स भी बनाते हैं। अब उनकी उम्र 69 साल हो चुकी है। पिछले दस साल में पूरे देश में घूम-घूमकर उन्होंने कई शो किए। अपनी सीडी और पेंटिंग्स बेचीं, लेकिन अपने लिए नहीं, बल्कि अपनी बीमार पत्नी के मेडिकल बिल चुकाने के लिए। वे कहते हैं कि उनके लिए यह समय अपनी पत्नी का कर्ज चुकाने का है। पत्नी, जो 40 साल उनके हर सुख-दुःख में उनके साथ रहीं। स्वपन ने अपनी पत्नी के प्रति संवेदनाएँ प्रदर्शित करने के लिए रचनात्मक तरीका निकाला।

तीसरी कहानी—जम्मू-कश्मीर में लोग अगर किसी से सबसे ज्यादा नफरत करते हैं तो वह है पुलिस। इसके कई कारण हैं, लेकिन जब इसी पुलिस ने जम्मू-कश्मीर के युवाओं के लिए 'छूना है आसमान' नामक म्यूजिकल टैलेंट हंट कार्यक्रम आयोजित किया तो धारणा बदलने लगी। राज्य के युवाओं के साथ पुलिस में भी आपसी प्यार और जरूरत के एहसास के साथ यह भावना मजबूत हुई कि वे एक-दूसरे के लिए कुछ कर सकते हैं। इसी महीने की 15 तारीख को टैलेंट हंट कार्यक्रम का समापन था। फाइनल में 12 प्रतिभागी पहुँचे थे। पूरी प्रतियोगिता में एक लाख से अधिक युवाओं ने हिस्सा लिया और आखिरी दिन, कार्यक्रम में मौजूद करीब-करीब हर शख्स की आँखों में आँसू थे। पुलिस के अतिरिक्त महानिदेशक एसपी वैद के साथ टैलेंट हंट में हिस्सा लेनेवाली 50,000 लड़कियों के मन में भी, एक उपलब्धि का एहसास था। यह सब उसी राज्य में हुआ, जहाँ माता-पिता अपने बच्चों को नाचने-गाने की इजाजत भी नहीं देते। खासकर लड़कियों को तो बिल्कुल भी नहीं। आज (28 जून) विश्व करुणा दिवस है। यह जीवन में किसी सार्थक पहल के लिए सबसे बढ़िया मुहूर्त हो सकता है। यह पहल किसी के लिए भी हो सकती है। वह आपके घर का कोई बीमार या जरूरतमंद सदस्य हो सकता

है या फिर वे लोग हो सकते हैं, जो तरक्की की रफ्तार में, आधुनिकता की दौड़ में पीछे छूट गए हैं।

फंडा यह है कि हर कोई दूसरे से अलग होना चाहता है, लेकिन बहुत कम लोग जानते हैं कि सिर्फ अच्छे इनसान होने से ही आप दूसरों से अलग हो जाते हैं। इसलिए कि दुनिया में अच्छे लोग लगातार कम हो रहे हैं। इसीलिए अच्छे लोगों का किया गया हर काम दूसरों से अलग माना जाता है।

□

आप परोपकार करते हुए भी कुछ अलग कर सकते हैं

शुभा (बच्ची की पहचान छुपाने के लिए नाम बदल दिया गया है।) की उम्र सिर्फ 12 साल है। उसने पहले भी कई बार अपने माता-पिता को आपस में झगड़ते देखा है, लेकिन इस बार उसके पिता कुछ ज्यादा ही गुस्से में थे। वे उसकी माँ को बुरी तरह पीटे जा रहे थे। वह माँ को बचाने की कोशिश कर रही थी, लेकिन सफल नहीं हो पा रही थी। रोने के सिवाय कुछ और कर नहीं पा रही थी। पिता को रोकना चाहती थी, लेकिन उसे पता था कि उसमें इतनी ताकत नहीं है। उसने मदद के लिए जोर-जोर से चिल्लाना शुरू कर दिया, क्योंकि उसके पिता उसकी माँ के सिर को पकड़कर दीवार पर मार रहे थे। तभी अचानक शुभा के सामने ही उसकी माँ गिर पड़ी। उसके माथे से खून बह रहा था। वह हिल-डुल भी नहीं रही थी। शुभा की चीख-पुकार आस-पड़ोस के लोगों तक पहुँच चुकी थी। वे दौड़े-दौड़े आए। उसकी माँ को अस्पताल पहुँचाया, लेकिन तब तक उसकी मौत हो चुकी थी। शुभा पूरी घटना की गवाह थी। उसकी गवाही पर उसके पिता को मार्च में 12 साल कैद की सजा सुनाई गई।

बेंगलुरु के बाहरी इलाके में बनी छोटी सी झुग्गी में शुभा और उसकी बहन इस घटना के बाद करीब महीने भर रहीं। पड़ोस के लोगों से उन्हें कुछ भोजन मिल रहा था, लेकिन धीरे-धीरे उन्हें मिलनेवाली मदद कम होने लगी। नाते-रिश्तेदारों ने भी हाथ खींच लिए। तभी खुशकिस्मती से अखबारों में इन लड़कियों की दुर्दशा के बारे में बैंक के रिटायर कर्मचारी वेंकटराघवचारी मणि

और उनकी पत्नी सरोजा ने पढ़ा। स्थानीय पुलिस से सभी तरह की अनुमतियाँ मिलने के बाद वे दोनों बच्चों को अपने साथ ले आए। कैदियों के बच्चों की मदद के लिए उन्होंने एक समाजसेवी संस्था की स्थापना की है। इसका नाम है सोसाइटीज केयर। शुभा कहती है, "अगर ये लोग मदद को नहीं आते तो हम सड़क पर आ चुके होते।"

वेंकटराघवचारी ने अपनी संस्था की स्थापना 1999 में की थी। वे एक रोज अपने काम पर जा रहे थे, तभी उन्होंने बेंगलुरु की सेंट्रल जेल के बाहर तीन और चार साल के दो बच्चों को रोते-बिलखते देखा। उन बच्चों का घर जेल के पास ही था। उन्होंने बच्चों से पूछा कि वे यहाँ जेल के बाहर क्या कर रहे हैं? बड़े बच्चे ने जवाब दिया कि हम अपने पिता के जेल से बाहर आने का इंतजार कर रहे हैं। वेंकट ने जेल के अधिकारियों से पूछताछ की। उन्हें मालूम हुआ कि इन बच्चों के पिता को आजीवन कारावास (14 साल) की सजा मिली है, क्योंकि उसने अपनी पत्नी की हत्या कर दी थी। बच्चों की उम्र इतनी कम थी कि वे यह समझ नहीं पा रहे थे कि उनके पिता कई साल तक जेल से बाहर नहीं आ पाएँगे। उनकी हालत देखकर वेंकट ने तय कर लिया कि उन्हें उन बच्चों की मदद करनी है।

वेंकट के मुताबिक वे बच्चे अनाथ जैसे ही थे, क्योंकि उनके कोई रिश्तेदार भी उनकी मदद को आगे नहीं आ रहे थे। वे उन दोनों बच्चों को अपने साथ घर ले आए। अपने बच्चों की तरह उनकी देखभाल की। वेंकट और उनकी पत्नी ने उन बच्चों को नए कपड़े दिलाए। उनका एक स्कूल में दाखिला कराया। उनका उसी तरह पालन-पोषण किया, जैसे वे अपनी बेटी सुमति का कर रहे थे। साल 2003 में वेंकट रिटायर हो गए। रिटायरमेंट के समय उन्हें जो भी पैसा मिला, उससे उन्होंने अपने घर में कुछ और कमरे बनवाए, जिससे कि वे ऐसे ही दूसरे बच्चों की मदद कर सकें, उन्हें आसरा दे सकें। पिछले महीनों के दौरान वेंकट और उनकी पत्नी का दिल का दौरा पड़ने से देहांत हो चुका है। अब उनकी 40 साल की बेटी सुमति मणि पिता की संस्था का काम देखती है। वह ऑस्ट्रेलिया में रहती है और भारत में इस काम को पेशेवर लोगों की मदद से करती है। समय के साथ वेंकट की संस्था का आकार भी अब काफी बड़ा हो चुका है। इसमें तीन से 18 साल तक की उम्र

के करीब 175 बच्चे हैं। भारतीय समाज में किसी अप्राध के दोषियों के बच्चों की सबसे ज्यादा उपेक्षा होती है। आमतौर पर सरकार ऐसे बच्चों की देखभाल का जिम्मा उठाती है। उन्हें केयर सेंटर में रखा जाता है। अगर दोषी माँ है तो देश के कुछ जेलों में उसके बच्चों को उसके साथ ही रहने की इजाजत भी है। उन्हें तब तक माँ के साथ रहने दिया जाता है, जब तक वे केयर सेंटर में रहने लायक न हो जाएँ। बदकिस्मती से इस इंतजाम के बावजूद कई बच्चे व्यवस्था की खामियों के शिकार हो जाते हैं। उन्हें अनाथ की तरह जीवन जीने को मजबूर होना पड़ता है। संयुक्त राष्ट्र की रिपोर्ट, 'कोलेटरल कन्विक्ट्स—चिल्ड्रंस ऑफ इनकासीरेटेड पेरेंट्स' के अनुसार कैदियों के बच्चे अपराध और दंड-व्यवस्था के ऐसे पीड़ित हैं, जिन पर किसी की नजर नहीं जाती। उन बच्चों ने कोई गलती नहीं की है फिर भी वे अपराध का कलंक लेकर पीड़ा से भरी जिंदगी जीने को मजबूर हैं।

फंडा यह है कि आप परोपकार करते हुए भी कुछ अलग कर सकते हैं। कई लोग परोपकार करते हैं, लेकिन इस तरह का परोपकार निश्चित तौर पर अलग कहा जाएगा। इसने कम-से-कम 175 जिंदगियों को अपराध के रास्ते से दूर रखने में मदद की।

□

महत्त्वपूर्ण यह है—आप माता-पिता के काम कब आते हैं

पहली कहानी—अन्य बच्चों के समान वह भी नाचते-कूदते हुए खेलती थी। सात साल पहले 10 साल की सोनाली गुप्ता छत से गिर गई। उसका जीवन व्हील चेयर तक सीमित हो गया। यह एक भयानक दुर्घटना थी। उसकी इस हालत को देखकर परिवार के लोग परेशान थे, लेकिन वे खुश थे कि वह उनके साथ तो है। 13 जून, 2006 के एक्सीडेंट के बाद से माता-पिता उसके भविष्य को लेकर चिंतित थे। जयपुर के सवाई मानसिंह अस्पताल के डॉक्टरों ने जोखिम के कारण उसकी रीढ़ की हड्डी का ऑपरेशन करने से इनकार कर दिया था। इसकी बजाय वहाँ प्लेट लगा दी गई, लेकिन इस वजह से वह चल-फिर नहीं पाती थी। सोनाली चल नहीं पाने की वजह से हताश थी। इस दुर्घटना को उसने चुनौती के रूप में लिया और अपने सपनों को साकार करने में जुट गई। वह व्हील चेयर पर थी और उसकी परछाईं हर जगह उसके साथ थी, लेकिन उसके दिमाग में जोनाथान सांटों के शब्द गूँजते थे कि 'कभी भी परछाइयों से भयभीत नहीं होना चाहिए। इसका मतलब है कि कहीं पर प्रकाश चमक रहा है।' स्कूल में तीन घंटे की पढ़ाई के बाद वह रविवार और अवकाश के दिनों में पाँच से छह घंटे पढ़ाई करती थी। सोनाली शतरंज भी खेलती थी। वह स्कूल में शतरंज की चैंपियन थी, लेकिन इंटर स्कूल और इंटर स्टेट स्कूल टूर्नामेंट में भाग नहीं ले सकती थी, क्योंकि टूर्नामेंट में शामिल होने के लिए उसे सड़क से यात्रा करनी पड़ती, जो कि उसके लिए संभव नहीं था। वह स्कूल भी ऑटो रिक्शा से आती-जाती थी। उसकी व्हील चेयर स्कूल के बाहर हमेशा खड़ी रहती थी।

सोनाली को कभी भी दोस्तों के सहयोग का अभाव नहीं रहा, लेकिन वह

आने-जाने के लिए कभी भी किसी पर निर्भर नहीं रही। सोनाली अपने माता-पिता की अकेली संतान है। उसकी माँ किरण गुप्ता स्कूल में टीचर हैं। पिता आलोक गुप्ता जयपुर से 400 किलोमीटर दूर हनुमानगढ़ शहर के पोस्ट ऑफिस में सहायक हैं। सीबीएसई 12वीं का रिजल्ट आने पर उसके माता-पिता को गर्व का एहसास हुआ। 17 साल की सोनाली ने ऑल इंडिया लेवल पर स्पेशल कैटेगरी के स्टूडेंट में कॉमर्स में 96.6 प्रतिशत मार्क्स के साथ टॉप किया। शारीरिक अक्षमता को उसने अपनी पढ़ाई में बाधा नहीं बनने दिया। यह एक तरीका था—अपने माता-पिता के कर्ज को चुकाने का। नई दिल्ली के श्रीराम कॉलेज में हर साल 100 प्रतिशत पर ही एडमिशन होते हैं। उसका सपना वहाँ से कॉमर्स की डिग्री लेने के बाद एक अच्छे कॉलेज से एमबीए करने का है।

दूसरी कहानी—वे एक प्रतिष्ठित आईएएस अफसर थीं। गुजरात की पहली महिला आईएएस अफसर, जिन्हें कर्नाटक कैडर मिला था। राज्य सरकार ने 1986 बैच की गौरी त्रिवेदी का जब भी तबादला किया, स्थानीय लोगों ने इसका विरोध किया। लोगों ने उनके समर्थन में सड़क पर प्रदर्शन किए। उनकी माँ गीताबेन ऐसे समय फोन करती थीं, जब गौरी व्यस्त होने के बावजूद उनका फोन सुन सकें। जब वे अपने कॅरियर के शिखर पर थीं और उन्होंने लोकप्रियता हासिल कर ली थी, तब उन्होंने नौकरी छोड़ दी। गुजरात में उनकी माँ की घर के अंदर गिरने से कूल्हे की हड्डी टूट गई थी। उन्हें लंबे समय तक बिस्तर पर रहना पड़ा। उन्हें स्वस्थ होने में बहुत अधिक समय लग रहा था। इस कारण गौरी ने नौकरी छोड़ने का निर्णय किया, क्योंकि वे नहीं चाहती थीं कि काम से अनुपस्थिति की वजह से जनता को परेशानी उठानी पड़े। वे वर्तमान में सरदार पटेल लोकप्रशासन संस्थान अहमदाबाद में सिविल सर्विस की तैयारी कर रहे छात्रों को पढ़ाती हैं।

फंडा यह है कि आपको अपने माता-पिता का ऋण उसी तरह से चुकाना चाहिए, जैसा उन्होंने आपके लिए किया है, लेकिन सही वक्त पर ऐसा करने की कीमत है। यह महत्त्वपूर्ण नहीं है कि आप अपने पेरेंट्स की देखभाल करते हैं, बल्कि महत्त्वपूर्ण यह है कि आप उनका खयाल किस तरह रखते हैं।

□

खुशियाँ वहीं होती हैं, जहाँ लालच न हो

राष्ट्रपिता महात्मा गांधी ने कहा है, ''आदमी की जरूरत के हिसाब से धरती सबको सबकुछ देती है, लेकिन आदमी का लालच वह भी पूरी नहीं कर सकती।'' इस विचार के साथ शुक्रवार सुबह जब मैं रोज की तरह मॉर्निंग वॉक पर निकला तो देखा पोवई झील (मुंबई) से लगे पार्क में कुछ बच्चे क्रिकेट खेल रहे हैं। वैसे तो रोज ही मैं उन्हें यहाँ क्रिकेट खेलते देखता हूँ, लेकिन आज कुछ देर ठहरकर उन्हें देखा। उनका फील्ड अरेंजमेंट बिल्कुल वैसा ही था, जैसा कि खेल के नियमों के तहत होना चाहिए। लेकिन उनके बीच एक 12वाँ खिलाड़ी भी था। पार्क से लगते हुए एक हिस्से में झील के पानी से तालाब सा बन गया था। उसी में तैरते हुए लकड़ी के लट्ठों पर खड़ा था। तालाब में बोटिंग भी होती थी, लेकिन नहाना प्रतिबंधित था। फिर भी अगर कोई कभी-कभार डुबकी लगा ले तो सुपरवाइजर ज्यादा ध्यान नहीं देता था।

क्रिकेट खेलते हुए कभी-कभी बल्लेबाज जोर से शॉट मारता तो गेंद तालाब में चली जाती। वह 12वाँ खिलाड़ी तुरंत डुबकी मारकर गेंद निकाल लाता और इधर बल्लेबाज को आउट करार दिया जाता। कुछ और भी लोग खेल देख रहे थे। मैं दर्शकों के झुंड के पास गया। उस 12वें खिलाड़ी के पास जाकर उससे कुछ ऊँची आवाज में पूछा, ''तुम्हें तो मैं अकसर यहीं खड़ा देखता हूँ। क्या तुम्हारी इच्छा बैटिंग करने की नहीं होती।'' खिलाड़ी की आँखें गेंद पर लगी हुई थीं।

लेकिन वह सवाल सुन चुका था। गेंद पर नजर टिकाए हुए उसने उसी अंदाज में जवाब दिया, जैसे कभी-कभी आईपीएल मैचों के दौरान मैदान पर खेल रहा कोई खिलाड़ी कमेंटेटर के सवाल का जवाब देता है। मेरी तरफ देखे

बिना कहा, ''हमारी टीम में बहुत कम लोग हैं, जो तैरना जानते हैं। इसलिए जो जानते हैं, वे तीन-तीन दिन के हिसाब से यहाँ इस पोजीशन पर खड़े होकर गेंद पकड़ते हैं। वहीं हम सजा के तौर पर बल्लेबाज को आउट करार दे देते हैं।'' मैंने थोड़ी चुहलबाजी की। कहा, ''इसका मतलब तो यह हुआ कि बाकी सभी खिलाड़ी टीम के उन लोगों का फायदा उठाते हैं, जिन्हें तैरना आता है।'' उसने जवाब दिया, ''चलता है अंकल, दोस्तों के लिए सब चलता है।'' उसके चेहरे पर असंतोष का कोई निशान नहीं था। मेरे फिजूल के सवाल से वह अपने दिमाग में किसी तरह की गंदगी नहीं आने देना चाहता था। थोड़ी देर के लिए मुझे लगा—जैसे मैं 12 साल के इस बच्चे में किसी संत को देख रहा हूँ।

यहाँ मुझे लगा कि क्रिकेट का यह खेल दरअसल, उन चंद लोगों से बड़ा है, जो अपने लालच के लिए इसे कलंकित कर रहे हैं, बदनाम कर रहे हैं। गली-मोहल्लों, पार्कों में, बच्चे शौक से अपने नियम-कायदों में ढालकर इसे खेलते हैं। जब तक उन्हें कोई रोके नहीं खूब धमाचौकड़ी मचाते हैं, हल्लागुल्ला करते हैं। पार्कों में तो अकसर यह सब नजर आ जाता है। जो लोग यहाँ योग-अभ्यास करने आते हैं, टहलने आते हैं, शांति की तलाश में आते हैं, वे अकसर इन्हें शांत रहने की नसीहत देते रहते हैं। बच्चे भी बड़ी मासूमियत से, सलीके से, टोकनेवाले को 'सॉरी' बोलते हैं और फिर शुरू हो जाते हैं।

उस पार्क में खेल रहे सभी बच्चे सरकारी स्कूलों में पढ़नेवाले ही रहे होंगे। आज उनके खेल के बीच में जब कोई अच्छी गेंद या अच्छे शॉट पर ताली बजाता तो वे कहते, ''थैंक यू अंकल।'' मुझे थोड़ा अचरज हुआ कि इन बच्चों ने यह तहजीब कहाँ से सीखी या फिर हालात से मजबूर होकर ऐसा कह रहे हैं। बच्चों का हल्लागुल्ला पार्क की शांति को भंग कर रहा था। निर्धारित सीमा से ज्यादा शोर-शराबा था, लेकिन आज शायद कोई आपत्ति नहीं जता रहा था। रोज यहाँ टहलने आनेवाले एक शख्स ने मुझसे कहा, ''मुझे इन बच्चों की आवाजें पंछियों के चहचहाने जैसी लगती हैं। ठीक वैसे ही जैसे पंछी अपनी भाषा में खाने की तलाश को लेकर बात करते हैं।'' हाँ, शायद वे सही कह रहे थे। आज पहली बार मैंने इस पार्क क्रिकेट का सही तरीके

से आनंद लिया है। उस 12वें खिलाड़ी ने बताया है कि यह उनका टी–10 (10–10 ओवरों का मैच) है। इसमें कोई सट्टबाजी नहीं, कोई उन्माद नहीं। सिर्फ खुशियाँ–ही–खुशियाँ हैं, क्योंकि इसमें लालच नहीं है।

फंडा यह है कि अगर कहीं खुशियाँ हैं तो इसका मतलब है कि वहाँ लालच नहीं है। दूसरे शब्दों में कहें तो लालच खुशियों को खत्म कर देता है। लालच, देर से ही सही, कीमत वसूल लेता है। स्पॉट फिक्सिंग के आरोप में फँसे क्रिकेटरों को भी कीमत चुकानी होगी।

□

किसी भी चीज की आदत एक समस्या है

बृंदा के माता-पिता धरमपेठ, नागपुर में रहते हैं। बृंदा और जगदीशन की शादी 25 साल पहले हुई थी, लेकिन नागपुर की गरमी के चलते वे शादी के बाद कभी गरमी के मौसम में वहाँ नहीं गए। उनका बचपन नागपुर में ही बीता था और वे वहाँ की गरमी और बिजली की कटौती से अच्छी तरह वाकिफ थीं, लेकिन मुंबई आने के बाद वे ये चीजें भूल चुकी थीं। मुंबई जैसे महानगर में बिजली-कटौती के बारे में विरले ही सुनने को मिलता है। इसलिए नागपुर जैसे छोटे शहर में बिजली-कटौती की घोषणा उनसे बरदाश्त नहीं होती थी। यही कारण है कि वे हर साल अपने पैरेंट्स से मिलने नागपुर जाती थीं, लेकिन कभी गरमी के महीने में नहीं। लेकिन वर्ष 2006 की गरमियों में उन्हें नागपुर जाना ही पड़ा, क्योंकि बृंदा के माता-पिता का स्वास्थ्य ठीक नहीं था। जिस दिन वे पहुँचीं, उस दिन धरमपेठ में तेरह घंटे बिजली-कटौती की घोषणा की गई थी। यह सुनकर बृंदा परेशान हो गईं। उन्हें नहीं पता था कि बिजली, पंखा, मोबाइल चार्जिंग, एयर कंडीशनर और टेलीविजन के बगैर वे कैसे रह पाएँगी। बृंदा और उनके पति बिजली बोर्ड की संवेदनहीनता और आम आदमी की मुश्किलों के प्रति बेरुखी को लेकर उसे भला-बुरा कहने लगे।

धरमपेठ में लोड शेडिंग कभी-कभार ही होती थी, इसलिए बृंदा के पैरेंट्स के पास इन्वर्टर या जनरेटर नहीं था। बृंदा को खुद से ज्यादा चिंता अपने पति को लेकर हो रही थी, जिन्हें वे जबरदस्ती नागपुर लेकर आई थीं और वे गरमी बिल्कुल झेल नहीं पाते थे। बिजली के बिना बाकी चीजें छोड़ भी दें तो पति को सँभालने की फिक्र में उनका दिमाग परेशान होने लगा। सुबह पहुँचने के बाद तीन घंटे पैरेंट्स और परिवार के बाकी सदस्यों का हाल-चाल जानने

तथा बिजली विभाग को कोसने में बीत गए। इसके बाद भी उनका गुस्सा खत्म नहीं हुआ और वे नौकरों को बुरा-भला कहती रहीं, जबकि घर के सारे नौकर उन्हें लंबे समय बाद देखकर काफी खुश थे।

11 बजे बिजली चली गई। उन्हें इसके बारे में पता था और वे पहले ही दिन का खाना खा चुके थे। 11.15 बजे घर के बाहर टैक्सी का हॉर्न सुनाई दिया, तब जगदीशन ने बताया कि चारों लोग बाहर जा रहे हैं। यह सुनकर बृंदा हैरान हो गईं। कहाँ वे सोच रही थीं कि यात्रा की थकान के बाद उनके पति आराम करना चाहेंगे, जबकि जगदीशन ही सबको बाहर घुमाने ले जा रहे थे। वे अंबाझिरी लेक और इंटरटेनमेंट पार्क गए, पानीपुरी और आइसक्रीम का मजा लिया, सीताबर्डी में अपने पसंदीदा विशांति गृह रेस्टॉरेंट गए और सीताबर्डी की भीड़ भरी सड़कों पर वेंडरों से कीमतों को लेकर मोल-भाव कर अपनी बचपन की यादों को ताजा किया। अपने पुराने स्कूल के गेट पर बृंदा ने उसी महिला से चेंगदा खरीदे, जिससे 30 साल पहले वह खरीदा करती थीं। उस बूढ़ी महिला ने काफी मशक्कत के बाद माना कि वे उन्हें अब भी पहचानती है।

रात नौ बजे वे घर लौटे। खिड़कियाँ खोलकर मोमबत्ती जलाई और सभी एक साथ बैठकर पुराने दिनों को याद करने लगे, जब उनके पास पैसों की कमी थी। कुछ पुरानी घटनाओं को याद कर वे हँसते तो कुछ को याद कर उनका मन उदास हो जाता। साढ़े बारह बजे रात में बिजली आ गई, लेकिन इससे उन्हें ज्यादा खुशी नहीं हुई। वे सोच रहे थे कि बिजली रात भर नहीं आती तो अच्छा था। इन बारह घंटों में वे एक-दूसरे के ज्यादा करीब आ गए थे और बिजली पर निर्भरता के चलते आई दूरियाँ खत्म हो गई थीं। अब वे गरमियों में भी नागपुर जाते हैं और सात साल पहले उस दिन को याद कर वे सारे काम करते हैं, जिन्होंने उन्हें एक-दूसरे के नजदीक ला दिया था।

फंडा यह है कि कोई भी आदत बुरी या अच्छी नहीं होती। यदि आपको ज्यादा पैसे कमाने का चस्का लग गया तो संभव है कि इसके चलते आपके जीवन में खुशियाँ कम हो जाएँ।

□

रिश्ते मजबूत करने में भी कारगर है तकनीक

वीजी ने बच्चों को बताया कि उन्हें जरूरी काम से घर जाना है। करीब तीन घंटे लगेंगे, वे बाहर नहीं निकलें। इस दौरान किसी के लिए भी घर के दरवाजे न खोलें। तब बच्चों ने उन्हें क्या जवाब दिया, आप अनुमान लगा सकते हैं? बच्चों ने कहा, ''मम्मी आप चिंता न करें। हम स्काइप पर नानाजी के साथ रहेंगे।'' वीजी समझ गईं। मुसकराते हुए वे बेडरूम में गईं और कंप्यूटर ऑन कर दिया। अपने पिता को फोन लगाया और उन्हें कहा कि जब तक वे लौटती नहीं, इन बच्चों को किसी-न-किसी चीज में उलझाए रखें। और सच में, वीजी के पिता ने पूरे तीन घंटे तक उन बच्चों को सँभाले रखा।

यह तकनीक की ताकत है। जिन बच्चों की बात हम कर रहे हैं, उनका नाम अनुषा और किशोर है। श्रीधर और वीजी शेषाद्रि के ये बच्चे हैं। श्रीधर बैंक अधिकारी हैं। पाँच साल एक से दूसरे शहर घूमते रहे, लेकिन इस दौरान बच्चों को उनकी कमी महसूस नहीं हुई। कहीं भी रहते हुए वे स्काइप के जरिए रोज बच्चों से जुड़े रहे। जब उन्होंने मेट्रो सिटी में सैटल होने का फैसला किया, तब से उनके बच्चे अपने दादा-दादी और नाना-नानी से भी उसी तरह जुड़ गए। रोज करीब एक घंटे बच्चे अपने दादा-दादी और नाना-नानी से बात करते हैं।

स्काइप की करीब दशक पहले शुरू हुई यात्रा को इससे अधिक सार्थक आदरांजलि और क्या हो सकती है। यूँ फोन तकनीक को तो सौ साल से भी अधिक हो चुके हैं, लेकिन स्काइप के बाद बातचीत का अंदाज बदला है। वीजी और श्रीधर के बच्चों को ही देखिए। जब ये दोनों अपने नाना से बात कर रहे थे

तो अनुषा उन्हें कहानी सुनाना चाहती थी, लेकिन किशोर नाना को अपनी पेंटिंग दिखाना चाहता था। नाना ने जैसे-तैसे बीच-बचाव कर मामला सँभाला। यह सब बिल्कुल वैसा ही था, जैसे बच्चे अमूमन अपने दादा-दादी या नाना-नानी के सामने असल जिंदगी में करते हैं। बस फर्क इतना ही था कि ये बुजुर्ग अपने बच्चों के बच्चों को दूर से बस देख ही सकते हैं। उन्हें छू नहीं सकते, लेकिन उनकी भावनाओं को, खुशी को, दु:ख को महसूस तो फिर भी कर ही सकते हैं।

भारतीय समाज में अब संयुक्त परिवारों का चलन लगभग खत्म हो चुका है। समाज का वर्तमान और भविष्य अब एकल परिवार हैं। इन परिवारों के लिए कंप्यूटर और स्काइप जैसी तकनीक अपने दूर-दराज के परिजनों, बुजुर्गों से जुड़े रहने का जरिया है। हालाँकि दिल तो कहता है कि संयुक्त परिवार की व्यवस्था ही ज्यादा बढ़िया थी, लेकिन यह संभव नहीं तो कंप्यूटर और स्काइप के जरिए जुड़ने में क्या बुराई है? शायद इसीलिए बुजुर्ग तेजी से इस तरह की तकनीक को अपना भी रहे हैं? जिससे उन्हें अपने बच्चों से जुड़े रहने में मदद मिलती है।

अपनों को जोड़नेवाली इस वीडियो कॉलिंग सर्विस-स्काइप की शुरुआत 29 अगस्त, 2003 में स्वीडन के कारोबारी निकलस जेन्स्ट्रॉम और डेनमार्क के उनके साथी जैनस फ्रीस ने की। इसके जरिए लोगों को दुनिया के किसी भी हिस्से में बैठकर एक-दूसरे के दु:ख-सुख में शरीक होने का मौका मिला। भारतीय बच्चे, जो विदेशों में पढ़ने जाते हैं, खासकर अपने देश, घर और यहाँ के तीज-त्योहारों की कमी खासी महसूस करते हैं। उनके लिए तो यह तकनीक वरदान है। अब वे विदेश में रहकर ही इंटरनेट के मार्फत स्काइप पर अपनी बहन के साथ राखी सेलिब्रेट कर लेते हैं। होली-दिवाली भी परिवार के साथ मना लेते हैं। एक-दूसरे के जन्मदिन और ऐसे ही दूसरे मौकों पर भी साथ हो लेते हैं, यानी यह कहना गलत न होगा कि यह सब असल भले न हो, पर उससे कम भी तो नहीं है।

फंडा यह है कि तकनीक के प्रभाव बुरे की तुलना में अच्छे ज्यादा हैं। खासकर तब, जबकि इसे अच्छी भावना के साथ अपनाया जाए।

□

बेटी भी दे सकती है माँ को जिंदगी

आयुषि दत्ता ने अपने खिलौने हमेशा बाँटे। जुटाकर रखने की मानसिकता कभी नहीं रही। सभी मानते हैं कि वह बड़ी जोशीली बच्ची है। उसका लालन-पालन इंदौर में आर्मी बैकग्राउंडवाले परिवार में हुआ। जब वह तीसरी कक्षा में थी, तब पैरेंट्स का ट्रांसफर हो गया और वह छोटे से शहर झाबुआ आ गई। आयुषि हमेशा अपने दादा-दादी के करीब रही, जिन्होंने उसे हमेशा दान के लिए प्रोत्साहित किया।

1990 के दशक में जब आंध्र प्रदेश के मुख्यमंत्री चंद्रबाबू नायडू थे, तब दिल्ली के ट्रेवल कॉन्सुलेट उत्तम दवे को तिरुमला देवस्थानम में फन पार्क बनाने का कांट्रेक्ट मिला। उद्देश्य स्पष्ट था—पैसे खर्च करने का मौका देना।

लेकिन उत्तम दवे, जिनकी टीम का मैं भी हिस्सा था, ने एक सर्वे रिपोर्ट में कहा कि जिन लोगों ने अपना मुंडन करवाया है, वे अपने शरीर की सबसे सुंदर चीज बाल खोकर खुश होने के मूड में नहीं हैं। सर्वे में कहा गया कि लोग यह पता होने के बाद भी कि तीन माह बाद फिर उनके बाल वैसे ही हो जाएँगे, महज एक धार्मिक रस्म के लिए इसकी बलि देकर कुछ देर के लिए मायूस होते हैं। और यही वजह है कि इतनी टोपियाँ यहाँ बिक रही हैं। सर्वे में धार्मिक रस्म करनेवाले हजारों लोगों के साक्षात्कार की बात कही गई है। मुख्यमंत्री ने फन पार्क के आइडिया और प्रस्ताव को स्वीकार कर लिया।

लेकिन, आयुषि दत्ता भिन्न थी। उसे अपनी चीजें लोगों के साथ साझा करने में आनंद आता था तथा कई बार वह स्थायी रूप से ऐसा करती थी और यह कोई नहीं जानता था कि किसी दिन वह कुछ ऐसा दे जाएगी (जो देते हुए हम में से कई लोग डरते हैं) जो उसकी माँ की जिंदगी बचाएगी। मूल बिंदु यह

है कि वह अपनी किडनी अपनी ही माँ को देते हुए प्रसन्न है। जिस माँ ने उसे जिंदगी दी, अपनी उसी माँ को वह दोबारा जीवन दे रही है।

जिस माँ को किडनी दी गई उनका नाम है, अनुराधा दत्ता और वे मध्य प्रदेश के झाबुआ में नर्मदा ग्रामीण बैंक में मैनेजर हैं। उन्हें 2004 से चिकित्सा की समस्या थी, जो धीरे-धीरे किडनी खराब होने तक पहुँच गई। कुछ सालों बाद 53 साल की उम्र में उनकी किडनी ने काम करना बंद कर दिया। बात पिछले साल की है। गुजरात के नाडियाड में मलजीभाई पटेल यूरोलॉजिकल हॉस्पिटल सेंटर फॉर रोबोटिक सर्जरी में जाँच कराने से पता चला कि उनकी दोनों ही किडनी फेल हो चुकी हैं।

पहले डोनर उनके पति थे। वे हृदय रोगी थे। इसलिए उनकी किडनी नहीं दी जा सकती थी। बेटे की किडनी मैच नहीं कर रही थी। और कोई भी 24 साल की बेटी आयुषि की किडनी के बारे में सोच नहीं सकता था। क्योंकि, शादी की उम्र में कोई उसका जीवन तबाह नहीं करना चाहता था। हालाँकि वह 11वीं से ही परिवार से दूर रह रही थी और अब मुंबई में ईवेंट मैनेजर के रूप में काम कर रही थी, लेकिन आईएएस बनने की तैयारी में जुटी आयुषि को पता था कि वह एक किडनी देकर भी सामान्य महिला की तरह जीवन जी सकती है। इसलिए उसने अपने भविष्य, खासकर माँ बन सकने की क्षमता पर चिंतित परिवार को मनाने पर खासा ध्यान दिया। डॉक्टरों ने भी उसके निर्णय का समर्थन किया था। सर्जरी 15 अप्रैल, 2013 को हुई। करीब साढ़े पाँच घंटे की सर्जरी में किडनी ट्रांसप्लांट कामयाब रहा। उस अस्पताल के इतिहास में उसे 'सबसे खुशनसीब' डोनर होने का सम्मान मिला।

फंडा यह है कि देना आसान है, लेकिन अपने शरीर के सबसे महत्त्वपूर्ण अंगों में से एक का दान कर खुश रहना इतना आसान नहीं है। कौन कहता है कि एक युवा बेटी अपनी ही माँ को जिंदगी नहीं दे सकती है। यदि हम दूसरी जिंदगी को जन्म मानें, तो निश्चित रूप से आयुषि अपनी माँ अनुराधा की 'माँ' है।

□

भरोसा वाईफाई की तरह होता है। यह आपको सही लोगों से जोड़ता है

मध्य प्रदेश के सागर में इस सप्ताह भास्कर उत्सव का आयोजन था। मैं भी इसमें हिस्सा लेने गया। सोमवार को रात के 10 बजे मैंने तय किया कि मैं सड़क के रास्ते भोपाल लौटूँगा। मेरे साथियों ने मना किया। बताया कि रास्ता काफी खराब है। राहतगढ़ से रायसेन तक तो सड़कों में गड्ढे हैं या गड्ढों में सड़क का पता ही नहीं चलता। इसके उलट ट्रेन का रूट आरामदायक है। सड़क की तुलना में ट्रेन से जल्दी भोपाल पहुँचा जा सकता है, लेकिन मैं अपने ड्राइवर के साथ सड़क के रास्ते ही निकल पड़ा। हालाँकि जल्दी ही मुझे एहसास हो गया कि अपने साथियों की बात न मानकर मैंने गलती कर दी है। भारी बारिश। सुनसान सड़क। कहीं-कहीं बीच सड़क पर मौजूद आवारा जानवर। सामने आ रहे ट्रकों-बसों की तेज हैडलाइट। सबकुछ बेहद परेशान कर देनेवाला था।

अभी करीब सवा घंटे ही चला था कि गाड़ी का टायर पंचर हो गया। यहाँ से रायसेन 45 किलोमीटर दूर था। रात के करीब 11.45 बजे थे। वीरान रास्ते में दूर-दूर तक कहीं कोई नजर नहीं आ रहा था। हमारे पास एक ही विकल्प था। टायर बदलो और आगे बढ़ो। ड्राइवर ने मुझे नीचे न उतरने की सलाह दी, लेकिन और कोई चारा भी तो नहीं था। मैं हिम्मत जुटाकर नीचे उतरा। जाहिर तौर पर ड्राइवर को भी उतरना पड़ा और हम जुट गए काम में। तभी एक मोटरसाइकिल आती दिखाई दी। एक बेटा अपनी माँ को बिठाकर जा रहा था। मैंने उसे रोककर पूछा कि रास्ते में कोई होटल है क्या? जवाब मिला, नहीं। फिर मैंने उससे सड़क के सुरक्षित न होने की बात की तो उसका जवाब

कुछ अटपटा था। वह बोला, "यहाँ इनसानों को कुछ नहीं होगा। वे बिल्कुल सुरक्षित हैं। हाँ, गाय-भैंस जैसे बेजुबान जरूर आप जैसे लोगों की गाड़ियों से टकराकर मारे जाते हैं।" उसके जवाब से मुझे झल्लाहट हुई, लेकिन वह मुझे अखबार में छपी एक खबर दिखा रहा था। इसके मुताबिक, पिछली रात एक तेज रफ्तार ट्रक से टकराकर नौ गायों ने दम तोड़ दिया था।

बहरहाल, उस लड़के ने मुझसे पेशकश की कि जब तक मेरी गाड़ी ठीक नहीं होती, वह मेरे साथ रुक जाता है, लेकिन मैंने उसे सलाह दी कि उसके साथ उसकी माँ है, इसलिए उसे निकल जाना चाहिए। वह मान तो गया, पर जाते-जाते कह गया कि 15 मिनट में लौटकर आ जाएगा। मैंने अपना हाथ उस लड़के के कंधे पर रखकर उसे शुक्रिया बोला और वह चला गया। करीब 12 मिनट गुजर चुके थे, लेकिन मुझे लग रहा था, जैसे आधा घंटा हो गया हो। टायर बदला जा चुका था और मैं गाड़ी में बैठने ही वाला था कि तभी तेज रफ्तार से एक मोटरसाइकिल हमारी तरफ आती दिखाई दी। बाइक पास आई तो देखा कि यह वही लड़का था, जो थोड़ी देर पहले हमसे बात कर रहा था। उसने हमें अपना नाम सुनील बताया। वह हमारे लिए बेसन के लड्डू लेकर आया था। लड्डुओं का डिब्बा हमें थमाते हुए उसने कहा, "रास्ते में भूख लगे तो इन्हें खा लीजिएगा, तरोताजा हो जाएँगे।" हम निकलने लगे तो उसने मुझसे मेरा फोन नंबर माँगा, लेकिन डर के मारे मैंने अपनी बजाय ड्राइवर का नंबर दे दिया। सुनील से हाथ मिलाया और हम भोपाल की ओर चल पड़े। वहाँ से हमें 90 किलोमीटर का सफर और तय करना था। सुनील पीछे छूट चुका था, लेकिन पूरे रास्ते मैं उसके बारे में सोचता रहा।

मेरे शैतानी दिमाग में तरह-तरह के खयाल आ रहे थे। कहीं लड्डुओं में जहर तो नहीं है। कहीं सुनील ने हमें लूटने की कोई साजिश तो नहीं की है। उसके पास मेरे ड्राइवर का नंबर भी तो है। और भी इसी तरह के न जाने कैसे-कैसे खयाल। मैं ड्राइवर को भी बता रहा था कि ट्रेनों में किस तरह बदमाश लोग ऐसे ही खाने-पीने की चीजें साथी यात्रियों को थमा देते हैं। उनमें नशे का पदार्थ मिला होता है। ऐसी चीजों को खाते ही लोग बेहोश हो जाते हैं और बदमाश उन्हें लूटकर चले जाते हैं। बीच-बीच में खुद को मैं दिलासा भी देता जा रहा था कि हमें कुछ नहीं होगा, लेकिन डर पीछा नहीं छोड़ रहा था। रात

को एक बजे के करीब हम भोपाल पहुँचे। इस बीच रास्ते में मैंने या मेरे ड्राइवर में से किसी ने लड्डू चखे तक नहीं। डीबी मॉल में स्थित होटल मैरियट में पहुँचते ही मेरे ड्राइवर का मोबाइल बज उठा। दूसरी तरफ सुनील था। वह हमारे सकुशल पहुँचने के बारे में पूछ रहा था। ड्राइवर से फोन मैंने ले लिया, लेकिन मेरे पास उस साफ दिल इनसान से कहने के लिए एक शब्द भी नहीं था। मैं बस डबडबाई आँखों के साथ उसे बार-बार शुक्रिया कहे जा रहा था। मैंने उस भले आदमी पर बेवजह शक जो किया था। फोन पर बात खत्म हुई तो मैंने तुरंत लड्डू का डिब्बा खोला और वहीं होटल की लॉबी में ही खाना शुरू कर दिया। ड्राइवर को भी दिए। लॉबी मैनेजर हमें अजीब निगाहों से देख रहा था, लेकिन हमें परवाह नहीं थी। लड्डू कुछ ज्यादा ही मीठे लग रहे थे। उनमें सुनील और उसकी माँ का प्यार तथा भरोसा जो मिला था।

फंडा यह है कि भरोसा वाईफाई की तरह होता है। यह दिखाई नहीं देता, लेकिन यह सही वक्त पर, सही लोगों से आपको जोड़ देता है।

□

क्या आप अपनी सोच को अमलीजामा पहनाते हैं?

वर्ष 1992 की गरमी की छुट्टियों के दौरान मैं इंग्लैंड में था और एक दिन लंदन ट्रांसपोर्ट की बस में सफर कर रहा था। बस में ज्यादा भीड़ तो नहीं थी, लेकिन सवारियाँ अच्छी तादाद में थीं। इन सवारियों में एक महिला भी थी, जो देख नहीं सकती थी। बस के ड्राइवर ने उस जगह गाड़ी रोकी, जहाँ उस महिला को उतरना था और मुझसे आग्रह किया कि मैं उसे लाइब्रेरी तक छोड़ आऊँ। ड्राइवर ने यह भी कहा कि वह मेरे लौटने की प्रतीक्षा करेगा। मुझे ड्राइवर का यह रवैया इतना अच्छा लगा कि मैं तत्काल ही महिला की मदद करने को तैयार हो गया। दो व्यस्त सड़कों को पार करते हुए मैं उसे लाइब्रेरी तक छोड़कर आया। जब मैं सड़क पार कर रहा था तो अचानक ही मेरी आँखें पीछे की ओर घूम गईं, यह देखने के लिए कि कहीं बस का ड्राइवर मुझे छोड़कर चला तो नहीं गया। भारत में ऐसा अकसर होता है, लेकिन वहाँ ड्राइवर ने मुझे हाथों के इशारे से बताया कि वह प्रतीक्षा कर रहा है।

जब मैं लौटकर बस में आया तो सारी सवारियाँ मुसकरा रही थीं और कोई यह शिकायत नहीं कर रहा था कि उसे अपने काम में देर हो रही है। वे ड्राइवर के साथ-साथ मेरी भी प्रशंसा कर रहे थे। मैं दावे के साथ कह सकता हूँ कि उस बस के हर यात्री के लिए वह दिन अच्छा बीता होगा, लेकिन मैं जिससे भी मिला, इस वाकये की चर्चा किए बिना नहीं रह सका। अनजानी जगह पर यह एक अलग तरह का अनुभव था। अपने देश में हम ऐसे काम अकसर करते हैं, लेकिन विदेश में ऐसे किसी काम के लिए थोड़ी देर के लिए

ही सही, लोगों की प्रशंसा का पात्र बनना मेरे लिए खुशनुमा एहसास था।

पिछले महीने मैं कॉरपोरेट सोशल रिस्पॉन्सिबिलिटी की परीक्षा में शामिल हुआ। इसके प्रोफेशनल एथिक्स विषय की परीक्षा में यह प्रश्न पूछा गया था—

नीचे लिखे पैराग्राफ को पढ़ें और फिर प्रश्नों के जवाब दें—

एक दिन शाम को मैं बस से अपने घर लौट रहा था तो मैंने देखा कि कंडक्टर बस के अंदर और खिड़कियों में लगे शीशों की सफाई कर रहा था। वह बड़ी सावधानी से बस के अंदर लगी ट्यूब लाइट पर लगी धूल को हटा रहा था। मुझे यह देखकर काफी अच्छा लगा और मैंने मुसकराते हुए उससे कहा, ''आप बस में सफाई का इतना ध्यान रखते हैं, यह अच्छी बात है।'' इसके जवाब में उसने कहा, ''मैं ध्यान रखता हूँ। यह केवल बस ही नहीं है, बल्कि कुछ देर के लिए यह मेरा और यात्रियों का घर भी होता है। इसलिए जब कभी भीड़ कम होती है, मैं इसकी सफाई करता हूँ। इस छोटे से काम के लिए मुझे बस एक पुराने कपड़े की जरूरत होती है और अपने शरीर को थोड़ा हिलाना-डुलाना होता है। वैसे भी, इसी जगह से मैं अपने और अपने परिवार के लिए रोटी कमाता हूँ।'' उसकी बातें सुनकर मेरे आश्चर्य का ठिकाना नहीं रहा। मुझे महसूस हुआ कि सिद्धांतों पर जीना इसी को कहते हैं। मैं उसकी सोच और उसके काम के लिए उसको धन्यवाद दिए बिना नहीं रह सका।

प्रश्न

1. **कंडक्टर के ऐसे कौन से गुण थे, जिससे काम के प्रति उसकी प्रतिबद्धता का पता चलता है? आप ऐसा क्यों सोचते हैं?**
2. **लेखक ऐसा क्यों कहता है—मुझे महसूस हुआ कि सिद्धांतों पर जीना इसी को कहते हैं। क्या आप इससे सहमत हैं? हाँ तो क्यों?**

इसका जवाब यह था—

1. अपनी ओर से थोड़ा ज्यादा काम करना और यात्रियों के साथ कंपनी की ब्रांड इमेज का भी ध्यान रखना। वह यह सुनिश्चित तो करता ही है कि यात्री साफ बस में बैठें, साथ ही उस कंपनी का भी ध्यान रखता है, जो हर महीने उसके घर के खर्चों का ध्यान रखती है।

इसका मतलब है कि कंडक्टर अपनी अच्छी सोच को कार्यरूप में बदलता है।

2. कंडक्टर यह दावा नहीं कर रहा था कि वह कंपनी की भलाई कर रहा है। ऐसी सोच अकसर दिमाग में होती है, लेकिन ऐसा सोचना ठीक नहीं है। उसके कुछ सिद्धांत थे और वह अपनी कंपनी के लिए इन सिद्धांतों को कार्यरूप में बदल रहा था। इसे ही सिद्धांतों पर आधारित जीवन कहते हैं।

फंडा यह है कि जब तक अच्छी सोच को कार्यरूप में नहीं बदला जाए, आप अच्छे कर्मचारी होने का दावा नहीं कर सकते। इंक्रीमेंट के इस समय में इस गुण का होना जरूरी है।

□

अपनी असफलताओं का विश्लेषण कीजिए

लंदन के हीथ्रो एयरपोर्ट पर 17 जनवरी, 2008 को दिन के करीब दो बजे बीजिंग से आया यात्री विमान उतरने को था। विमान में 152 यात्री और चालक दल के सदस्य थे। आसमान पर बादल कम थे। दृश्यता छह मील के आसपास थी। हवा ज्यादा तेज नहीं थी। तापमान 10 डिग्री के करीब था। विमान अभी एयरपोर्ट से करीब दो मील पहले हॉन्सलो के रिहायशी इलाके के ऊपर था। लगभग 720 फीट की ऊँचाई पर। तभी अचानक विमान के दाएँ और बाएँ दोनों इंजन बंद हो गए। पायलटों ने इंजन चालू करने की बहुत कोशिश की, लेकिन वे सफल नहीं हुए। बोइंग-777 विमान अब 1,58,757 किलोग्राम की भारी-भरकम चट्टान की तरह तेजी से जमीन की तरफ आ रहा था। इसके नीचे आने की गति थी—23 फीट प्रति सेकेंड। नीचे सड़क पर जिस किसी ने भी इस गिरते विमान को देखा वह वहीं ठिठक गया। सबकी निगाहें एकटक आसमान की तरफ। वहाँ ब्रिटिश प्रधानमंत्री गॉर्डन ब्राउन के कुछ सुरक्षा गार्ड भी थे। ब्राउन उसी वक्त पहली चीन यात्रा के लिए एयरपोर्ट की ओर जा रहे थे।

प्लेन में मौजूद और नीचे खड़े लोगों की साँसें हलक में अटकी हुई थीं। बड़े हादसे की आशंका से दिल की धड़कनें बढ़ चुकी थीं। किस्मत अच्छी थी। विमान रिहायशी इलाके से कुछ दूर हरे-भरे घास के मैदान पर गिरा। तेज धमाके की आवाज के साथ जमीन पर आते ही नोज व्हील (आगे का पहिया) चकनाचूर हो गया। पीछेवाले पहिए भी टूट गए। दाहिनी तरफ का लैंडिंग गियर टूटकर अलग हो गया। विमान का पीछे का दाहिनी तरफ का एक हिस्सा टूट गया। इससे कुछ यात्रियों को चोट आई। बाईं ओर का मुख्य लैंडिंग गियर

ऊपर की तरफ उठ गया। इससे 1,400 लीटर ईंधन लीक होकर बहने लगा। एकाध जगह आग भी दिखी, लेकिन खुशकिस्मती से यह ईंधन के संपर्क में नहीं आई।

विमान अपने पेट के बल जमीन पर पड़ा हुआ था। इतने बड़े हादसे में भी किसी की मौत नहीं हुई। करीब 25–30 लोग घायल हुए। उन्हें अस्पताल में भरती कराना पड़ा। कुछ यात्रियों के पैर टूट गए। यही सबसे गंभीर चोट थी। बाद में घटना की जाँच हुई। पता चला कि इंजन में कोई खराबी नहीं थी। विमान की बाकी मशीनरी भी एकदम दुरुस्त थी। फिर गड़बड़ी कहाँ हुई? जवाब खोजने के लिए जाँच टीम का ध्यान गया ईंधन की तरफ। इस तथ्य पर गौर किया गया कि विमान मंगोलिया और उराल की पहाड़ियों को पार करते हुए आया है। वहाँ तापमान माइनस 36 डिग्री होता है। जाँचकर्ता इस नतीजे पर पहुँच रहे थे कि दुर्घटना संभवतः ईंधन के जम जाने की वजह से हुई हो, लेकिन एक तथ्य यह भी था कि जेट ईंधन अमूमन माइनस 47 डिग्री पर जमता है और इस ईंधन में पानी की मात्रा भी न के बराबर होती है। अगर इतना पानी जमा भी हो तो यह बर्फ के छोटे-छोटे टुकड़ों की शक्ल में ईंधन टैंक में नीचे बैठ जाएगा, यानी इंजन की ईंधन की सप्लाई में बाधा नहीं पहुँचनी चाहिए थी। फिर क्या हुआ? जाँच आगे बढ़ी तो पता चला कि ईंधन सप्लाई कम होने पर विमान के इंजन पहले धीमे हुए। पायलटों ने इंजन की रफ्तार बढ़ाने की कोशिश की।

इस कोशिश (थ्रस्टिंग) के दौरान ईंधन टैंक में मौजूद बर्फ के टुकड़े पाइप लाइन में जाकर फँस गए और इंजन में ईंधन की सप्लाई पूरी तरह ठप हो गई। इंजन बंद हो गया। आम तौर पर सभी ड्राइवरों की यही आदत होती है। जब भी इंजन की रफ्तार कम होती है, वे एक्सेलरेटर दबाने लगते हैं, ताकि इंजन की रफ्तार बढ़ाई जा सके, लेकिन यह आदत कभी-कभी समस्या को न्यौता भी दे देती है। जैसा कि इस विमान हादसे के मामले में हुआ। इसलिए विशेषज्ञों ने पायलटों को उलटी सलाह दी। उनसे कहा कि इंजन की रफ्तार कम होने पर वे करीब 15 सेकेंड तक इंतजार करें। इंतज़ार के दौरान ईंधन में अगर कहीं कोई बर्फ के टुकड़े जमा होंगे तो वे गरमी से पिघल जाएँगे। इसके बाद थ्रस्टिंग कर इंजन की रफ्तार बढ़ाई जा सकती है या वह ईंधन सप्लाई सामान्य होने पर खुद ही बढ़ जाएगी। इस थ्योरी को फेडरल एविएशन

एडमिनिस्ट्रेशन (एफएए) ने भी माना। इसके बाद एफएए ने पायलटों को इस बाबत एडवायजरी भी जारी की। एक नई प्रक्रिया भी बताई कि कैसे विमान के ईंधन में जमा बर्फ के टुकड़ों को पिघलने दिया जा सकता है। दुनिया भर के पायलटों ने 30 दिन के भीतर इस प्रक्रिया को सीखा। अब वे इसे सफलतापूर्वक आजमा भी रहे हैं। विमानन उद्योग की तरह हम कभी-कभार ही अपनी असफलताओं का विश्लेषण कर पाते हैं। ऐसा शायद इसलिए कि असफलता का मामला हर किसी का व्यक्तिगत होता है, लेकिन इसका दूसरा पहलू यह भी है कि व्यक्तिगत असफलता और उसका विश्लेषण दूसरों के काम भी आ सकता है।

फंडा यह है कि अगर आप चाहते हैं कि गलतियाँ दोबारा न हों तो असफलताओं का विश्लेषण कीजिए। उसके जो निष्कर्ष सामने आएँ, उन्हें अपने कामकाज में आजमाइए। नतीजों में अपने आप फर्क आ जाएगा।

□

इरादा हो तो कोई भी चीज कहीं भी लागू की जा सकती है

दिसंबर की नौ तारीख को चेन्नई की पुलिस ने तय किया कि वह तत्काल प्रभाव से कार चालकों के लिए सीट-बेल्ट की व्यवस्था लागू करेगी और ठीक आठ दिन बाद 17 दिसंबर को आला अधिकारियों से फील्ड से रिपोर्ट मिली कि शहर में 99 फीसदी लोग सीट-बेल्ट बाँधने लगे हैं यानी एक हफ्ते में पूरे शहर के कार चालकों ने वह करना शुरू कर दिया, जो पुलिस विभाग करवाना चाह रहा था और पुलिस ने लगाया क्या? हर सड़क पर 50 अफसरों की टीम, जो वहाँ 18-18 घंटे खड़ी रही। जिसने लगातार सीट-बेल्ट न बाँधनेवालों को पकड़ा और उन पर काररवाई की।

सबसे पहले चेन्नई पुलिस ने अभियान का विज्ञापन कराया। अखबार, रेडियो, टीवी हर जगह इसके बारे में जानकारी दी गई। लोगों से सीट-बेल्ट बाँधने की अपील की गई। उसके बाद पुलिस ने एक तारीख तय की और फिर पुलिस के जवान पूरे शहर में फैल गए। पहले दिन पुलिसवालों ने लोगों को सिर्फ चेतावनी देकर छोड़ा। उन्हें बताया गया कि अगली बार अगर सीट-बेल्ट नहीं बाँधी तो उन पर काररवाई की जाएगी। दूसरे दिन से उन्होंने सीट-बेल्ट न बाँधनेवालों पर फाइन लगाना शुरू कर दिया। साथ ही ऐसा न करने से होनेवाले नुकसान के बारे में भी समझा दी। पहले पाँच दिनों पुलिस के टीमों ने 4,250 लोगों पर काररवाई की। जंगल की आग की तरह पूरे शहर में पुलिस की काररवाई की खबर फैल गई। जिन लोगों पर काररवाई नहीं हुई थी, वे भी सचेत हो गए। नियम का पालन करने लगे। अभियान के आखिरी दिन, यानी 17 दिसंबर तक हालत यह हो गई कि पुलिस को सिर्फ 207 लोग ही मिले,

जिन पर काररवाई करनी पड़ी। पूरे अभियान के दौरान किसी वीआईपी या सरकारी वाहन और उनके चालकों को भी कोई रियायत नहीं दी गई। उलटा इस किस्म के वाहनों और उनके चालकों पर की गई काररवाई की खबर मीडिया में दे दी गई। पुलिस के रवैए से यह संकेत गया कि नई व्यवस्था को लागू करने के प्रति वह पूरी तरह गंभीर है। नियम तोड़नेवालों को साफ बताया गया कि पहली बार सीट-बेल्ट बाँधे बिना पकड़े गए तो 100 रुपए फाइन लगेगा। दूसरी बार ऐसा किया तो 300 रुपए की रसीद कटेगी और इस हफ्ते के अभियान का नतीजा तो हम आपको पहले बता ही चुके हैं।

पुलिस मानती है कि अगर अभियान एक महीने चला तो तय मानिए कि चेन्नई में सीट-बेल्ट बाँधकर चलने की लोगों को आदत पड़ जाएगी। इसके बाद भी जो नियम तोड़ने के आदी हैं, उन पर कभी भी काररवाई की जा सकती है। मुंबई पुलिस ने भी दो महीने तक ऐसा अभियान चलाया था। उसे भी ऐसे ही नतीजे मिले। उसने शराब पीकर गाड़ी चलानेवालों पर लगाम लगाने के लिए भी अभियान चलाया और कामयाब भी रही। फिलहाल मुंबई में 'रेस्पेक्ट सिग्नल' कैंपेन चल रहा है। इसके नतीजे काफी उत्साहजनक आ रहे हैं। हर सिग्नल पर पुलिस टीमें सातों दिन 24 घंटे तैनात रहती हैं। वे कार चालकों को ट्रैफिक सिग्नल फॉलो करने के लिए तैयार कर रहे हैं। भले ही सड़कें खाली क्यों न हों। व्यस्त ट्रैफिक से पहले या बाद के सुस्त समय में भी सिग्नल तोड़नेवालों पर तुरंत काररवाई हो रही है। दक्षिण अमेरिका के मैक्सिको और दक्षिण अफ्रीका के ब्राजील के बड़े शहरों में सड़क दुर्घटनाएँ खूब होती हैं। यहाँ भी इन हादसों को रोकने के लिए वही तरीके अपनाए गए, जो चेन्नई और मुंबई पुलिस ने अपनाए। वहाँ लोगों से यातायात नियमों का पालन कराने के लिए पुलिस पूरे साल अभियान चलाती है। इससे सड़क दुर्घटनाओं में काफी कमी आई है।

फंडा यह है कि नई व्यवस्था या कानून को लागू कराने को लेकर कोई किसी तरह का बहाना नहीं बना सकता। छोटा समूह भी यह काम प्रभावी ढंग से कर सकता है। बस उसके लिए इरादा होना जरुरी है, और थोड़ी योजना भी।

□

वक्त निकलने पर ही होता है कुछ खोने का एहसास

चूहा तो बस चूहा ही है। सुनने में यह अच्छा लगता है; लेकिन अगर पता लगे कि ट्रेन के एसी कोच में बर्थ के नीचे रखे आपके बैग के आसपास एक चुहिया दो बच्चों के साथ उछल-कूद कर रही है तो? तब शायद आपको अच्छा न लगे। उस युवक को भी अच्छा नहीं लग रहा था और वह ट्रेन की चादर को ठोकते हुए यहाँ-वहाँ कूद रहा था। वाकया तब का है, जब मैं मध्य प्रदेश में अपने दोस्त के बेटे की शादी समारोह में हिस्सा लेने के लिए इंटरसिटी एक्सप्रेस से इंदौर से शिवपुरी जा रहा था। मैंने आसपास मौजूद सभी लोगों को शांत करने के लिए कहा, "यह एक सामान्य चूहा ही तो है।"

इस पर पास खड़ी महिला तपाक से बोली, "आप तो ऐसे कह रहे हैं, जैसे पेड़ पर कोई कौआ बैठा हो और यह अभी उड़ जानेवाला है।" उस महिला की बात सुनकर मैं चुप हो गया। अपनी किताब उठाई और पढ़ने लगा। अचानक मुझे अपनी माँ की एक बात याद आई। वे कहती हैं, "आपको अच्छी किताब की अहमियत तब तक पता नहीं चलेगी, जब तक आप बुरी किताब नहीं पढ़ लेते।" मैं समझ गया कि ज्यादातर लोगों में चूहे से डर क्यों है? शायद इसलिए, क्योंकि यह जीव अकसर जानलेवा बीमारियों का वाहक बनता है। तभी एक महिला आई और बताने लगी कि उसके पड़ोसी के घर नवजात बच्चा हुआ था। उसके पैर की उँगलियों को चूहे ने

कुतर लिया। अगले ही दिन उन लोगों को प्लेन से अपने बच्चे को दिल्ली ले जाना पड़ा, ऑपरेशन कराने के लिए।

वह महिला उस युवती को नसीहत देने लगी, जिसकी गोद में 60 दिन का प्यारा सा बच्चा था। भयभीत सी उस युवती ने तुरंत अपनी माँ को फोन लगाया और पूरा किस्सा बता डाला। युवती की माँ भी घबरा गई। वह कुछ कहती, इससे पहले ही उस युवक ने, जो ट्रेन की चादर ठोक रहा था, इशारा किया। वह युवती की माँ से बात करना चाह रहा था। युवती ने फोन उस युवक को पकड़ा दिया। वह दूसरी तरफ मौजूद युवती की माँ से कहने लगा, ''एम्सटर्डम में एक व्यक्ति ने अपने मकान में खास इंतजाम किए हैं। इस तरह के कि कोई भी चूहा उस मकान में घुस नहीं सकता। रेलवे को भी ट्रेनों में ऐसे इंतजाम करने चाहिए।'' सामने बैठी युवती झुँझला गई और बोली, ''एम्सटर्डम में क्या हो रहा है, क्या नहीं, इससे किसी को क्या लेना-देना।''

उसने युवक से फोन छीन लिया था। इधर, चुहिया और उसके बच्चे अपनी कारस्तानी में लगे हुए थे। उस युवती ने भी अपने बच्चे के साथ ऊपर की बर्थ पकड़ ली थी। एक अन्य यात्री से उसने अपनी बर्थ बदली थी। यात्रियों की तैयारी देखकर ऐसा लग रहा था जैसे वे किसी युद्ध का सामना करने जा रहे हों। अगले आधा घंटे में तरह-तरह के किस्से-कहानियाँ सुनने-सुनाने का दौर शुरू हो गया, लेकिन चूहा उन कहानियों में नहीं था। एक-दूसरे से परिचय, विजिटिंग कार्ड का आदान-प्रदान। एक-दूसरे के फोन नंबर्स लेना-देना। यही सब चल रहा था। ऐसा लग रहा था, जैसे कोच में हर यात्री मौजूदा स्थिति का आनंद ले रहा है। ट्रेनों से जुड़े गंभीर मसलों, जैसे—गंदे टॉयलेट, पानी का लीकेज, खराब बिस्तर आदि को सब भूल चुके थे। इसी बीच ट्रेन अपने गंतव्य तक पहुँच गई। लोग उतरकर अपने-अपने स्थानों की ओर चल दिए। जिस समस्या का उन्होंने सामना किया, उसकी शिकायत करने की फुरसत और शायद ऊर्जा भी किसी में नहीं थी। मैं जानता हूँ कि 'कॉमेडी नाइट्स विद कपिल' और इसमें गुत्थी और पलक जैसे चरित्र बेहद लोकप्रिय क्यों हैं? इसलिए कि इस तरह के शो और इसमें काम करनेवाले किरदार

हमें तुरत-फुरत हँसने का मौका देते हैं। हालाँकि यह भी सच है कि इन कार्यक्रमों के जरिए हमें बौद्धिक जुगाली करने के लिए कोई सामग्री नहीं मिलती।

फंडा यह है कि जब तक आप कोई खराब किताब न पढ़ें, अच्छी किताब की अहमियत समझ नहीं आती। ऐसे ही जब तक आपको वक्त बरबाद करने का अनुभव नहीं होगा, आपको समझ नहीं आएगा कि आपने क्या खोया।

□

कभी-कभी अपने बारे में भी अच्छा महसूस कीजिए

एमेरिता चक्को—72 साल की हैं। वे मध्य प्रदेश में इंदौर के नजदीक राऊ में एक मिशनरी संस्थान की मदर सुपीरियर हैं। सेंट नोर्बर्ट हायर सेकेंडरी स्कूल द्वारा संचालित इस संस्थान में यह पद प्रमुख के बराबर का है। इस संस्थान को प्रजेंटेशन कॉन्वेंट फॉर्मेशन हाउसेस कहा जाता है। एमेरिता और उनकी बहन केरल के त्रिचूर की हैं। इन दोनों ने अपनी पूरी जिंदगी मिशनरी के कामों के लिए समर्पित कर दी। संस्थान में नियम है कि अगर किसी के माता-पिता बीमार हैं तो वे उन्हें देखने घर जा सकते हैं, लेकिन अगर उनकी मौत हो जाती है तो वे घर नहीं जा सकते। एमेरिता के साथ भी दुःखद घटना हुई। वे अपनी माँ को जिंदा नहीं देख सकीं। जब उनकी तबीयत खराब थी तो एमेरिता को टेलीग्राम भेजा गया, लेकिन वह एक दिन देर से उनके पास पहुँचा। जब तक एमेरिता अपने गाँव पहुँचीं, उनकी माँ की मौत हो चुकी थी। जैसे ही उन्हें यह पता चला वे उलटे पैर वापस लौट आईं। जहाँ से वे लौटीं, वहाँ से उनका घर सिर्फ पाँच मकान दूर था। उनके भाई की भी दुबई में महज 44 साल की उम्र में मौत हो गई। वे अंतिम समय में उसे भी नहीं देख सकीं। हाँ, पिता को जरूर उनकी मौत से पहले आखिरी बार देखने का उन्हें मौका मिल गया।

अभी 26 जून को वे जेट एयरवेज की इंदौर से मुंबई जानेवाली उड़ान में 16ए नंबर की सीट पर बैठी थीं। उनका रिजर्वेशन कोयंबटूर तक का था। वे वहाँ अपनी बहन को देखने जा रही थीं, जो कैंसर से पीड़ित हैं। एमेरिता के परिवार में उनकी बहन आखिरी सदस्य बची हैं, जिनसे उनका खून का रिश्ता

है। उन्होंने उन तक पहुँचने के लिए आने-जाने का सबसे तेज साधन चुना है। मैं भी इसी फ्लाइट में था। मेरी सीट 16सी थी और एमेरिता और मेरे बीच की 16बी सीट खाली थी। उन्होंने मुझे सीट-बेल्ट बाँधे देखा और वे भी उसे खोजने लगीं। मैं जानता था कि कुछ सीनियर सिटीजंस के लिए सीट-बेल्ट बाँधना मुश्किल प्रक्रिया होती है। इसलिए मैंने उनकी मदद कर दी। इसके लिए उन्होंने मुझे धन्यवाद दिया। वे खिड़की से बाहर देखने को काफी उत्सुक लग रही थीं। बोइंग 737 में 16ए सीट पर विंडो नहीं होती। मैंने उनसे पूछा कि क्या वे पहली बार विमान यात्रा कर रही हैं। उन्होंने जवाब दिया, ''हाँ। हमारे पेशे में आरामतलब जिंदगी जीने की इजाजत नहीं होती, लेकिन इस वक्त मेरी स्थिति अलग है। इसलिए मुझे विमान से जाना पड़ रहा है।'' मैंने एयरहोस्टेस मिस क्षिप्रा से आग्रह किया कि एमेरिता की सीट बदल दी जाए। मैंने उसे पूरी कहानी बताई और कहा, ''हर इनसान में एक बच्चा होता है। और इन 72 साल की बुजुर्ग महिला के भीतर का बच्चा खिड़कीवाली सीट पर बैठने की जिद कर रहा है। अगर आप कुछ मदद कर सकें तो मैं आपकी सराहना करूँगा।'' एयरहोस्टेस मान गई।

एमेरिता को खिड़कीवाली सीट पर बिठा दिया गया। सीट बदलने के बाद हम सब देख रहे थे कि वे कितनी उत्सुकता से बाहर उड़ रहे बादलों को और विमान उतरते समय बिल्डिंगों को देख रही हैं। हमें खुशी हुई। जब वे विमान में चढ़ी थीं तो उन्होंने सीट-बेल्ट बाँधने की कम-से-कम 10 बार प्रेक्टिस की। नाश्ता आया तो वे चाय के कप, खाने के पैकेट, छोटी सी पानी की बोतल और ट्रे को बड़े अचरज से देख रही थीं। सबकुछ उनके लिए नया था। वे कुछ नाश्ता अपने साथ आगे की यात्रा के लिए भी ले जाना चाहती थीं। मैंने उन्हें अपने हिस्से का नाश्ता देने की कोशिश की, लेकिन क्षिप्रा ने रोक दिया। उसने उन्हें दो पीस केक, दो बंस, कुछ फूड पैकेट, जूस की बोतल अतिरिक्त दे दी। इस आत्मीयता भरे व्यवहार से 'मदर सुपीरियर' की आँखों में आँसू आ गए। अब समस्या यह थी कि खाने-पीने का यह सामान एमेरिता अपने साथ लेकर कैसे जाएँ। मुझे याद आया कि मेरे ब्रीफकेस में एक फोल्डिंग बैग है। वह मेरी बेटी का था और उसने घर से निकलते वक्त उसका खास खयाल रखने की हिदायत दी थी, लेकिन मैंने उस वक्त इसकी ज्यादा परवाह

नहीं की। मैंने अपना ब्रीफकेस खोला और वह बैग निकालकर एमेरिता को दे दिया। वे बेहद खुश हो गईं। कहने लगीं, ''मैं जानती हूँ कि जब भी मुझे जरूरत होती है, ईश्वर मेरी मदद के लिए अच्छे लोगों को भेज देता है।''

मुंबई में उतरने पर मैं उनके साथ चौक इन काउंटर तक गया। काउंटर क्लर्क ने जब मुझे यह यकीन दिला दिया कि वह उन्हें उनकी अगली उड़ान की सीट में ठीक तरह से बिठा देगा, तब मुझे तसल्ली हुई। जैसे ही मैं घर के भीतर घुसा तो छूटते ही मेरी बेटी ने पहला सवाल दागा, ''मेरा बैग कहाँ है।'' मैंने बताया, ''मैंने उसको किसी को दे दिया।'' वह चीख पड़ी, ''किसे।'' मैंने कहा, ''मेरी माँ को।'' इस वक्त तक बेटी मेरी आँखों में नमी देख चुकी थी। वह मेरे पास आई और गले से लिपट गई। कुछ नहीं कहा। मैं एक बार फिर अपने आप में काफी अच्छा महसूस कर रहा था।

फंडा यह है कि अपनी जिंदगी में कुछ-न-कुछ ऐसा करते रहना चाहिए, जो आपको नई ऊर्जा दे। जिससे आपको 'फील गुड' का एहसास हो। जिंदगी चलते रहने के लिए यह जरूरी है।

□

समस्या के हल में भी है– बिजनेस आइडिया

देश में सिर्फ एक फीसदी लोग ही हैं, जो हवाई यात्रा करते हैं। एयरपोर्ट पर ब्रांडेड रेस्टोरेंट्स में खाने–पीने का लुत्फ ले पाते हैं। इसके अलावा 87 फीसदी लोग ऐसे हैं, जो सड़क से यात्रा करते हैं। ऐसे लोगों के पास जहाँ चाहे रुककर अपनी पसंद की जगह पर खाने–पीने का विकल्प होता है। बाकी बचे 12 फीसदी लोग। ये वे हैं, जो ट्रेनों से यात्रा करते हैं और इनके पास कोई विकल्प नहीं होता। सिवाय इसके कि वे ट्रेन की गंदी पेंट्री से परोसा जानेवाला भोजन या नाश्ता करें। हाल ही में मुझे जोधपुर से कोटा तक ट्रेन से यात्रा करनी पड़ी। गाड़ी सुबह छह बजे जोधपुर से चली और दिन में तीन बजे कोटा पहुँची। इस बीच मैंने तय कर लिया था कि मैं ट्रेन में मिलनेवाला नाश्ता या लंच नहीं लूँगा। भले ही पूरे समय भूखा रहना पड़े। ज्यादा दिक्कत हुई तो थोड़े–बहुत फल खा लूँगा। वैसे भी ट्रेन में यह लाइन अकसर किसी–न–किसी यात्री के मुँह से सुनने को मिल जाती है, ''सफर में खाना बड़ी समस्या है भाई साहब।'' साथ में सफर कर रहे एक सज्जन ने जब मुझसे नाश्ते के बारे में पूछा तो मैंने उनके सामने भी वही लाइन दोहरा दी, लेकिन उनका जवाब मेरी उम्मीद से परे था। उन्होंने कहा, ''ट्रेवलखाना डॉट कॉम पर फोन लगाइए न।'' यह कुछ–कुछ वैसा ही था, जैसा टीवी पर एक विज्ञापन में दिखाया जाता है, ''क्विकर डॉट कॉम को मिस कॉल मार न।'' मुझे लगा कि आजमाकर देखने में क्या बुराई है।

इंटरनेट पर सर्च किया तो ट्रेवलखाना से संपर्क करने के लिए फोन नंबर

मिल गया। फोन लगाया तो दूसरी तरफ से शुरू में इस तरह पूछताछ की गई कि लगा जैसे वे रेलवेवाले हों। मुझसे पूछा गया कि आपका नाम क्या है? पीएनआर नंबर क्या है? बर्थ नंबर क्या है? कहाँ जाना है? मोबाइल नंबर क्या है? वगैरह, वगैरह। लेकिन जब मुझसे मेरी पसंद के खाने के बारे में जानने की कोशिश की गई तो लगा कि नहीं, मैंने सही जगह फोन लगाया है। फिर मुझसे भुगतान के तरीके के बारे में पूछा गया। सबकुछ पूछने-बताने के बाद कॉल डिसकनेक्ट हो गई। सुबह के करीब 10.30 बजे थे। ट्रेन जैसे ही जयपुर पहुँची, मेरा नाश्ता और लंच दोनों मेरे सामने थे। उसके एवज में मैं भोजन लानेवाले व्यक्ति को भुगतान कर रहा था। ट्रेवलखाना डॉट कॉम के प्रमुख हैं—पुष्पिंदर सिंह। महज 40 साल के आसपास की उम्र है उनकी। उन्होंने रेल यात्रियों की इस समस्या को समझा कि इन लोगों को अच्छी गुणवत्तावाले खाने की सख्त जरूरत है और वह उन्हें मिलता नहीं। उन्होंने सबसे पहले जयपुर स्टेशन को आधार बनाया। यहीं से रेलयात्रियों की मदद करने का फैसला किया। शुरुआत हुई सिर्फ दो रेस्टोरेंट से।

यहाँ से वे यात्रियों की पसंद का खाना सफर के दौरान उनके ऑर्डर पर उन तक पहुँचाते थे। आइडिया हिट हो गया। महज 16 महीनों के भीतर वे अब तक 50,000 यात्रियों को भोजन पहुँचा चुके हैं। रोज औसतन करीब 500 यात्रियों तक भोजन पहुँचा रहे हैं। अगर यात्री समूह में हैं, तो उनके लिए डिस्काउंट का भी बंदोबस्त उन्होंने कर रखा है। आज करीब 90 जगहों से अलग-अलग रूट पर जानेवाली 2,000 ट्रेन के यात्रियों को वे कवर करते हैं। लगभग 110 रेस्टोरेंट हैं, जहाँ 24 घंटे यात्रियों के लिए गरमा-गरम भोजन बनाने और पहुँचाने का काम चलता है। काम करने का तरीका देखिए। जैसे ही कोई ऑर्डर मिलता है, तुरंत संबंधित रेस्टोरेंट को इ-मेल, एसएमएस या फोन कॉल के जरिए सूचना भेजी जाती है। जिस जगह पर खाना पहुँचाना है, वहाँ ऑर्डर देनेवाले यात्री की ट्रेन कब पहुँच रही है, यह पता लगाने के लिए रियल टाइम पर ट्रेन की लोकेशन पर लगातार नजर रखी जाती है। गाड़ी पहुँचने के कुछ देर पहले ही ऑर्डर का पार्सल तैयार किया जाता है। ट्रेन के स्टेशन पर आते ही संबंधित यात्री के पास गरमा-गरम खाना पहुँचा दिया जाता है। ट्रेवलखाना इस पूरी सर्विस के लिए खाने की कीमत से ऊपर 20 फीसदी कमीशन लेता है,

लेकिन शायद ही किसी को इससे परेशानी होती हो। पुष्पिंदर ने शुरू में खाने का बिजनेस करने का नहीं सोचा था। वे रेल यात्रियों के लिए टैक्सी सुविधा शुरू करना चाहते थे, लेकिन इस प्रोजेक्ट पर काम करते हुए उन्हें लगा कि लोगों के लिए होटल या टैक्सी सर्विस उतनी बड़ी समस्या नहीं है, जितनी कि अच्छा खाना। और बस काम शुरू हो गया।

फंडा यह है कि अगर आप समस्या को पहचान सकें, तो उसका समाधान आपके लिए अच्छा बिजनेस आइडिया हो सकता है। इसे यूँ भी कह सकते हैं कि अगर आप समस्या का समाधान उपलब्ध करा रहे हैं, तो एक अच्छे उद्यमी भी हो सकते हैं।

□

लोकप्रियता और लाभ के बीच संतुलन जरूरी है

पहली घटना—नई दिल्ली से सियालदह जा रही राजधानी एक्सप्रेस की दूसरी बोगी-थर्ड एसी में 70 से ज्यादा यात्री बीमार हो गए। उन्हें खराब खाना परोसा गया था। यही नहीं, करीब पाँच घंटे तक यात्रियों को गरमी से भी जूझना पड़ा, क्योंकि ट्रेन के एयर-कंडीशनिंग सिस्टम ने काम करना बंद कर दिया था। कानपुर में ट्रेन का पहला स्टॉपेज था। वहाँ कुछ यात्रियों ने इन अव्यवस्थाओं को लेकर विरोध करने की कोशिश की तो उन्हें आरपीएफ के जवानों ने धमकाया और उनके साथ धक्का-मुक्की की।

घटना का विश्लेषण—ट्रेन में सफर करनेवाले कुल यात्रियों में से सिर्फ एक फीसदी लोग अपर क्लास (एसी-1,2,3 और चेयर कार) में यात्रा करते हैं लेकिन रेलवे को यात्री किराए से जितना पैसा मिलता है, उसमें 24 फीसदी हिस्सेदारी इन्हीं अपर-क्लास के यात्रियों की होती है। रेलवे को यात्री किराए से 2011-12 में 25,400 करोड़ रुपए मिले थे। जनशताब्दी जैसी ट्रेनें चलाने के बावजूद रेलवे देश के कुल यात्रियों में से 12 फीसदी को ही अपनी ओर खींच पाती है। मतलब हर 100 में 12 लोग ही ट्रेनों से यात्रा करते हैं। एक व्यक्ति (एक फीसदी) हवाई यात्रा करता है और बाकी 87 (87 फीसदी) सड़क मार्ग से सफर करते हैं। चाहे वे अपनी कार से जाएँ, बस से या ऐसे ही किसी दूसरे साधन से, यानी हर तरह की कोशिशों के बावजूद

लोग ट्रेनों की तुलना में सड़क मार्ग से सफर को प्राथमिकता देते हैं। इसकी एक वजह यह भी हो सकती है कि राजधानी एक्सप्रेस जैसी ट्रेनों में भी रेलवे यात्री सुविधाओं को लेकर बहुत कम ध्यान देता है, लेकिन इतना भारी-भरकम संगठन यह भूल जाता है कि यात्रियों की संख्या तभी बढ़ाई जा सकती है, जब उनसे किए गए हर वादे पूरे किए जाएँ। उनकी कद्र की जाए।

दूसरी घटना—बेंगलुरु शहर से देवनहल्ली में बने नए अंतरराष्ट्रीय हवाई अड्डे तक वायु वज्र के नाम से एयरकंडीशंड बस चलाई जाती है। इस बस के यात्रियों की संख्या में पिछले दिनों अचानक भारी कमी देखी गई। वजह यह कि बस संचालकों ने आमदनी बढ़ाने के लिए बस के 35 किलोमीटर के रास्ते में स्टॉपेज की संख्या काफी बढ़ा दी थी, ताकि छोटे रूटवाले यात्रियों को भी लिया जा सके।

घटना का विश्लेषण—शहर के बिजनेस सेंटर मेखरी सर्कल से अंतरराष्ट्रीय हवाई अड्डे तक वायु वज्र का किराया 175 रुपए है, जबकि टैक्सी का 400 से 450 रुपए। बस में जाते समय ढेर सारे स्टॉपेज मिलते हैं, लेकिन टैक्सी बिना किसी स्टॉप के पहुँचाती है। अलग-अलग आईटी पार्कों से अगर यात्री एयरपोर्ट की तरफ इस बस से जाएँ तो उन्हें 250 रुपए तक किराया देना होता है, जबकि टैक्सी से इस दूरी के लिए 600 रुपए लगते हैं। ऐसे में यात्री टैक्सी से जाना ज्यादा पसंद करते हैं, क्योंकि वे अपनी फ्लाइट छूट जाने का जोखिम नहीं लेना चाहते। कई एयरलाइंस ने अपनी उड़ानों के समय में भी परिवर्तन किया है। ऐसे में यात्रियों को टैक्सी ही हवाई अड्डे तक पहुँचने के लिए बेहतर विकल्प लगती है। बस संचालकों ने छोटी दूरी के यात्रियों के लिए स्टॉपेज की संख्या बढ़ा दी। लेकिन वे यह भूल गए कि हर फेरे में लंबी दूरी के यात्रियों से उन्हें उनकी कुल आमदनी का 60 फीसदी तक हिस्सा मिलता है, यानी राजनीतिक या स्थानीय दबाव के चलते स्टॉपेज बढ़ाने का उनका फैसला अच्छा व्यावसायिक निर्णय नहीं कहा जा सकता।

निष्कर्ष—ज्यादा पैसे खर्च करनेवाले लोग संख्या में कम हो सकते हैं, लेकिन कुल आमदनी में उनका योगदान ज्यादा होता है।

फंडा यह है कि अच्छा व्यावसायिक फैसला वही है, जो ज्यादा कमाई करानेवाले वर्ग के पक्ष में हो। रेलवे और दूसरे नागरिक परिवहन से संबंधित कंपनियाँ ज्यादातर नुकसान में इसीलिए रहती हैं, क्योंकि वे मुनाफे को ध्यान में रखकर फैसले नहीं करतीं, जबकि जरूरी यह है कि लोकप्रियता और लाभ के बीच हमेशा संतुलन बनाए रखा जाए।

□

जिंदगी के अनुभवों में नंबरों के कोई मायने नहीं होते

इस सप्ताह मैं फ्लाइट से राजस्थान में भास्कर उत्सव में भाग लेने के लिए मुंबई से जोधपुर जा रहा था। मुझे किनारे के तरफवाली सीट मिली थी। बीच की सीट पर एक महिला अपने छह माह के बेटे को हाथ में लिये बैठी थी, जबकि खिड़कीवाली सीट पर उसके छह साल के बेटे ने कब्जा जमा रखा था। मेरे ठीक सामनेवाली पर भी यही स्थिति थी। किनारेवाली सीट पर मेरी तरह ही एक यात्री बैठे थे। उनके बीच की सीट पर एक माँ अपने दस महीने के बच्चे को लिये बैठी थी। खिड़कीवाली सीट पर उसका सात साल का बेटा बैठा था। विमान उड़ चला था। मैं और मेरे जैसे ही सामनेवाली सीट पर बैठे सज्जन अखबार पढ़ने में व्यस्त हो गए। जबकि माताएँ अपने नवजात बच्चों की जरूरतों को पूरा करने में लग गईं। वहीं खिड़कीवाली सीट पर बैठे हुए बच्चे कुछ देर बाहर देखते रहे।

फिर एक-दूसरे से बातों में मशगूल हो गए। बड़े बच्चे ने (जो सात साल का था) अपने पीछेवाले से पूछा, ''तुम्हारा नाम क्या है?'' थोड़ी ही देर में दोनों के बीच परिचय हो चुका था। इसके बाद बड़े बच्चे ने छोटेवाले से उसके स्कूल के बारे में पूछा। उसके जन्म की तारीख, राशि, राजस्थान में उसके गाँव का नाम पूछा। अपने बारे में भी ये सब चीजें बताईं। अपने पैतृक गाँव के बारे में बताने के लिए छह साल के बच्चे को बीच में अपनी माँ की मदद लेनी पड़ी। बीच में बड़े बच्चे ने छोटेवाले को थोड़ा परेशान भी किया। यह कहकर, ''मैं तुमसे एक साल बड़ा हूँ। मैं 2004 में पैदा हुआ और तुम 2005 में।''

हालाँकि इससे छोटावाला ज्यादा परेशान नहीं हुआ। इसकी वजह यह थी कि वह जिस स्कूल में पढ़ता था, वह बड़ेवाले बच्चे के स्कूल से बेहतर माना जाता था। जहाँ रहता था; वह कॉलोनी भी बड़े बच्चे की कॉलोनी से बेहतर कही जाती थी। यहाँ मुझे इन दोनों के बीच प्रतिद्वंद्विता की गंध आ रही थी।

दोनों अब एक-दूसरे से 'नहले पर दहला' वाले अंदाज में बात कर रहे थे। बता रहे थे कि कैसे उनका स्कूल उन्हें नेशनल पार्क या चिड़ियाघर की बजाय दूर-दराज के इलाकों में पिकनिक पर ले जाता है। आस-पास के यात्री भी अब बच्चों की बातों का मजा लेने लगे। कान लगाकर सुन रहे थे कि आखिर यह बातचीत पहुँचती कहाँ है। इसी बीच संकेत हुआ कि यात्री अपने सीट-बेल्ट खोल सकते हैं। फिर क्या था। बड़ा बच्चा तो अब अपनी सीट पर खड़ा ही हो गया। खिड़की के बाहर देखने के लिए बादलों के सिवाय कुछ था नहीं। रवि नाम था इस बच्चे का और उससे एक साल छोटे बच्चे का विनोद। उसने आखिरी सवाल दागा, जो चौंकानेवाला था। रवि ने पूछा, "विनोद, तुम्हारे छोटे भाई की उम्र कितनी है।" विनोद को जवाब पक्का पता नहीं था। वह अपनी माँ की तरफ मुड़ा। उससे पूछा, "माँ हमारा गुड्डू कितना बड़ा है।" उसने बताया, "छह महीना" और उस छोटे बच्चे को दूध पिलाना शुरू कर दिया।

जैसे ही विनोद ने अपने छोटे भाई की उम्र बताई, रवि अपनी सीट से उछल पड़ा। चिल्लाकर बोला, "देखो मेरा भाई तक तुम्हारे भाई से बड़ा है। वह दस महीने का है।" विनोद का चेहरा उतर गया। उसने माँ की तरफ देखा और पूछा, "हमारा गुड्डू 10 महीने का क्यों नहीं है? छह महीने का ही क्यों है?" एकदम से पूछे गए इस सवाल से उसकी माँ बुरी तरह झेंप गई। आस-पास में बैठे यात्री ठहाका लगाकर हँस पड़े।

दोनों बच्चों को महसूस हुआ कि कुछ गड़बड़ हो गई। उन्होंने कुछ देर के लिए बातचीत बंद कर दी। इस बीच विनोद की माँ ने काफी कोशिश की उसे यह समझाने की, कि गुड्डू की उम्र 10 महीने नहीं की जा सकती, लेकिन बच्चे को समझ नहीं आया। वह पूरी उड़ान के दौरान मुँह फुलाए बैठा रहा। उसे लग रहा था कि वह अपने नए दोस्त से मुकाबले में चार महीने से 'हार' गया है। एक पल के लिए मैं यह सोच कर डर गया कि अगर ये दोनों एक-दूसरे से अपने-अपने विषयों के नंबर पूछना-बताना शुरू कर देते तो क्या होता? यकीनन इनमें

किसी-न-किसी की गरमियों की छुट्टियाँ खराब होना तय था।

पहली बार मैंने अपने जीवन में स्कूल के उस सिस्टम को शुक्रिया कहा, जिसके तहत आठवीं कक्षा तक अंक देने का सिस्टम खत्म कर दिया गया है। बहरहाल, ये तनावपूर्ण हालात उस वक्त सामान्य हुए, जब विमान जोधपुर में उतरने लगा। दोनों ने सेना के कुछ हेलीकॉप्टरों, लड़ाकू जहाजों को आकाश में उड़ते देखा। जाहिर तौर पर दोनों ही काफी रोमांचित हो गए थे। अब ये दोनों फिर से दोस्त थे और एक-दूसरे से भारतीय सेनाओं के बारे में अपनी-अपनी जानकारियाँ बाँट रहे थे।

फंडा यह है कि—जब बात तनख्वाह, उपलब्धियों, विश्लेषण आदि की हो, तभी नंबर अहमियत रखते हैं। लेकिन जीवन के दूसरे क्षेत्रों में, अनुभवों में शायद ही इनकी कोई अहमियत हो।

□

परेशान दिमाग समस्याओं का जल्दी समाधान ढूँढ़ता है

मौजूदा दौर में स्कूल से घर जाने के रास्ते में बस में छात्रों के शारीरिक शोषण की खबरें आम होती जा रही हैं। मुंबई जैसे शहरों में तो ऐसे मामले रोजाना बढ़ रहे हैं। इनसे निपटने के लिए पहले बसों में महिला कर्मचारियों को तैनात किया गया, लेकिन समस्या का समाधान होने की बजाय ये महिलाएँ अपराध में सहभागी बनने लगीं। इसके बाद पैरेंट्स-टीचर्स संगठनों ने बस में हर दिन एक पैरेंट के मौजूद रहने की व्यवस्था की, लेकिन इसमें अभिभावकों को बहुत ज्यादा समय देना पड़ता था, जो संभव नहीं था। फिर बसों में सीसीटीवी कैमरे लगाने की व्यवस्था की गई। इससे अपराध तो नहीं रुके, लेकिन अपराध होने के बाद की काररवाई में सीसीटीवी कैमरे के फुटेज सबूत के रूप में इस्तेमाल किए जाने लगे। सीसीटीवी कैमरे उपयोगी साबित नहीं हो सकते, जब तक कि इसे लाइव देखना संभव न हो सके और अपराधी को इस जघन्य अपराध की योजना बनाते समय ही पकड़ा न जा सके। अभिभावकों और शिक्षकों के पास विकल्प खत्म होते जा रहे थे। इसलिए समस्या के समाधान की तलाश में वे एक महीने तक हर सप्ताह मिले।

जुहू का उत्पल सांघवी स्कूल बसों में सीसीटीवी कैमरा लगानेवाला मुंबई का पहला ऐसा स्कूल बना, जो इसके लाइव फीड बच्चों के अभिभावकों को मोबाइल फोन पर उपलब्ध कराता है। स्कूल ने पिछले सप्ताह दो बसों में इसका परीक्षण किया और अगले सप्ताह तक सभी बसों में इसे लगाने की तैयारी है। हर बस में दो कैमरे लगे होंगे, एक आगे और एक पीछे तथा पैरेंट्स के पास केवल उसी बस के लाइव फीड पहुँचेंगे, जिसमें उनके बच्चे सफर कर

रहे होंगे। निगरानी की यह व्यवस्था बस की यात्रा के दौरान बच्चों की मस्ती खत्म कर देगी, लेकिन पैरेंट्स-टीचर्स संगठन इसे जरूरी मानते हैं। हाल में जुहू इलाके में ही स्थित जमनाबाई नर्सरी स्कूल की बस में एक पुरुष कर्मचारी द्वारा तीन वर्षीय छात्र के साथ उत्पीड़न की घटना ने निगरानी की जरूरत को और बढ़ा दिया है। उन्हें यह विचार हॉलीवुड फिल्म स्पीड से मिला। फिल्म का खलनायक चलती बस में मुख्य अभिनेताओं कीनू रीव्स और सांद्रा बुलॉक की गतिविधियों को देख सकता है और उनकी बातें सुन भी सकता है। उन्होंने इस तकनीक के बारे में पता किया और एक बस में लगाकर पहले इसका परीक्षण किया। स्कूल अधिकारियों और पैरेंट्स ने एक साथ बैठकर लाइव वीडियो को देखकर यह जाना कि बस के अंदर क्या गतिविधियाँ हो रही हैं। एक बस में निगरानी की इस व्यवस्था पर 30 से 35 हजार रुपए खर्च आता है।

मतलब यह कि हर छात्र को इसके लिए सालाना करीब एक हजार रुपए देने होंगे। शारीरिक उत्पीड़न की बढ़ती घटनाओं के मद्देनजर बच्चों की सुरक्षा के लिए यह खर्च कुछ नहीं है। स्कूल की प्रिंसिपल आभा धरमपाल ने माना कि इसके लिए पहल पैरेंट्स-टीचर्स एसोसिएशन ने की थी। समाधान का रास्ता तलाशने में ज्यादा देर नहीं लगी, क्योंकि हर अभिभावक अपने बच्चे की सुरक्षा को लेकर चिंतित था। जमनाबाई नरसी स्कूल का पैरेंट्स-टीचर्स एसोसिएशन भी उत्पल सांघवी स्कूल की बस के सीसीटीवी कैमरों की स्थिति पर नजर रख रहा होगा। यदि यह उपाय कारगर साबित होता है तो जमनाबाई नरसी स्कूल की बसों में भी ऐसी व्यवस्था हो सकती है।

फंडा यह है कि शांत मस्तिष्क के मुकाबले जब मस्तिष्क बेचैन होता है तो वह ज्यादा तेजी से समस्याओं का समाधान तलाशता है। कोई आश्चर्य नहीं कि हर नियोक्ता अपने कर्मचारियों को थोड़ा-बहुत असुविधाजनक हालत में बनाए रखता है, ताकि वे उसकी व्यावसायिक जरूरतों का तेजी से समाधान ढूँढ़ सकें। यदि आपके बॉस भी आपको थोड़ा असहज बनाते हैं तो इसके लिए उन्हें दोषी न ठहराएँ। यह तो उनका धर्म है, क्योंकि वे आपसे सर्वश्रेष्ठ नतीजे चाहते हैं।

□

आप इस दुनिया में कभी भी अकेले नहीं हैं

काम के सिलसिले में कहीं आते-जाते वक्त हमेशा अकेलापन महसूस होता है। पिछले रविवार की बात है। मैं भोपाल से होशंगाबाद जा रहा था। रास्ते में चारों तरफ हरियाली थी। मैंने जी भरकर उसका आनंद लिया। गाड़ी से उतरकर कुछ दूर पैदल चलने का फैसला किया। कुछ दूर ही चला था कि सड़क के किनारे एक छोटे कद का आदमी दिखाई दिया। वह एक बरतन में हैंडपंप से पानी भर रहा था। लेकिन उसे इसके लिए जबरदस्त संघर्ष करना पड़ रहा था। हैंडपंप का लीवर ऊपर से नीचे लाने के लिए वह अपने पूरे वजन के साथ उस पर झूल रहा था। तब कहीं जाकर थोड़ा सा पानी निकलता था। इसी बीच उसने मुझे देख लिया। कैमरा लेकर अपनी तरफ आते हुए। बस फिर क्या था। उसकी ताकत जैसे दोगुनी हो गई। खुद को फिल्माए जाने के उत्साह ने कुछ ही पलों में उसका बरतन भर दिया। यह देख मुझे हँसी आ गई।

अब वह कैमरे में अपनी फिल्म देखना चाहता था। उसका चेहरा उसकी जिज्ञासा को साफ बयान कर रहा था। मैंने उसे उसका वीडियो दिखा भी दिया, लेकिन वह संतुष्ट नजर नहीं आया। मैंने वजह पूछी तो उसने बताया कि वह अपने परिवार को यह फिल्म दिखाना चाहता है। वह मुझे अपने घर ले जाना चाहता था। मैं राजी हो गया और कुछ ही मिनट में हम उसके घर पर थे। एकांत में बने उस इकलौते मकान का सामनेवाला कमरा फैमिली स्टोर (बरामदा भी कह सकते हैं।) की तरह था। उसके पीछे दो बेडरूम। दोनों एक के बाद एक बने हुए। हमारे पहुँचते ही एक बच्ची फ्रिज से पानी की बोतल निकालकर

ले आई और सामने पड़ी बेंच पर बैठ गई। जब वह बच्ची पानी लेने जा रही थी तो परदा हटने पर मेरी नजर भीतर की तरफ गई। पहले बेडरूम में पाँच साल की दूसरी बच्ची टीवी पर कार्टून देखने में मगन थी। बिस्तर पर लेटी हुई। छाती के नीचे तकिया लगा हुआ। टीवी चेहरे से बमुश्किल एक-दो इंच दूर। अमूमन हर घर में बच्चों का यही हाल रहता है। मुझे अंदाजा था कि घर में किसी अजनबी की मौजूदगी से वह शरमा रही थी। लेकिन मैं यह भी जानता था कि ज्यादातर बच्चे अपनी तसवीरें खिंचवाना पसंद करते हैं। उससे भी ज्यादा खुद की तसवीरें स्क्रीन पर देखना उन्हें अच्छा लगता है। अपनी यात्राओं के अनुभव से मैंने यह सीखा था।

मैंने अपना कैमरा निकाल लिया। एक तसवीर ली। और जैसी कि उम्मीद थी, छोटी बच्ची कूदकर मेरे पास आ गई। वह अपनी तसवीर देखने को बेहद उत्सुक थी। मैंने भी उसे इंतजार नहीं कराया और कैमरे की स्क्रीन पर उसकी तसवीर उसे दिखा दी। उसकी खुशी का ठिकाना नहीं रहा। काफी देर तक वह उछल-कूद कर अपनी खुशी का इजहार करती रही। मैंने उसकी कुछ और तसवीरें लीं। उस परिवार की इजाजत से किचन में खाना बनाते हुए उसकी माँ, घर में दीगर काम करते हुए उसके पिता और बड़ी बहन की भी तसवीरें निकालीं। वीडियो बनाया और उन सबको दिखाया। सब बेहद खुश हुए। तभी लंच का समय हो गया। उस परिवार ने मुझसे भी खाना खाने को कहा। लेकिन मैंने विनम्रता से मना कर दिया। वे कहाँ माननेवाले थे। उन्होंने मुझसे वादा ले लिया कि डिनर मैं उनके साथ ही करूँगा और इस वक्त मुझे चाय लेनी होगी। मैंने हाँ कह दिया। बच्चियों की माँ चाय बनाने किचन में चली गई। बड़ी बच्ची अब भी मेरे पास ही थी। मैंने उसे अपना कैमरा थमा दिया। उसे बताया कि किस तरह तसवीरें खींचते हैं। कहा कि वह जैसे चाहे, जहाँ की चाहे, तसवीरें निकाले। उसने ऐसा किया भी और बेहद खुश हुई।

एक शानदार वक्त बिताकर मैंने उस परिवार से विदा ली। लेकिन रास्ते में मैं सोचता रहा कि उस वक्त की यादों को सहेजने के लिए मेरे पास तो कई रास्ते हैं। लैपटॉप, पेन ड्राइव जैसे। उनके पास क्या है? मैंने उन्हें सरप्राइज देने का फैसला किया। होशंगाबाद पहुँचकर मैंने अपनी पैन ड्राइव एक फोटो स्टूडियो को दी। वहाँ से उन सभी तसवीरों का प्रिंट लिया, जो उस परिवार की मैंने

खींची थीं। होशंगाबाद से लौटते हुए अपने वादे के मुताबिक उस परिवार के साथ मुझे डिनर के लिए रुकना था। मैं वहाँ पहुँचा, खाना खाया और तसवीरें उन लोगों के हवाले कर दीं। उन्हें देखकर परिवार के हर सदस्य के चेहरे पर जो खुशी उभरी, उसे बताने के लिए मेरे पास शब्द नहीं हैं। बस यों समझें कि वह एक तेज रोशनी सी थी, जिसने अकेलेपन की छाया को मुझसे कोसों दूर कर दिया।

फंडा यह है कि जिंदगी में आप कभी अकेले नहीं हैं। खासतौर पर तब, जबकि आपको जीवन संगीत के साथ सुर-में-सुर मिलाना आता हो। इस संगीत का दूसरों के साथ मिलकर आनंद लें तो यह कई गुना बढ़ जाएगा। यकीन मानिए।

□

सिर्फ सस्ता होना सफल कारोबार की गारंटी नहीं

देश में ज्यादातर लोग वेतन का पाँचवाँ हिस्सा यात्रा और परिवहन पर खर्च करते हैं। और इसमें कोई शक नहीं कि देश में परिवहन का सबसे सस्ता जरिया अब भी भारतीय रेल है। पिछले एक दशक से सेकेंड क्लास का रेल टिकट औसतन 14 पैसे प्रति किलोमीटर पड़ता था। उपनगरीय क्षेत्रों में यात्रा करनी हो तो यह 12 पैसे प्रति किलोमीटर तक होता था। इसके बावजूद रेलवे सिर्फ 12 फीसदी यात्रियों को ही अपनी तरफ खींच पाया। करीब 87 फीसदी यात्री सड़क मार्ग से यात्रा करते हैं, जबकि एक फीसदी हवाई यात्रा। आज हालत यह है कि रेलवे को अपना मौजूदा यात्री प्रतिशत बरकरार रखने के लिए भी संघर्ष करना पड़ रहा है। संभवतः इसीलिए उसने 2025 तक 13 फीसदी सड़क यात्रियों को अपनी तरफ लाने का लक्ष्य रखा है।

एक उदाहरण देखिए। पश्चिम रेलवे (इसमें गुजरात-महाराष्ट्र का क्षेत्र शामिल है।) में इस अप्रैल से जुलाई के बीच करीब 1.53 करोड़ लोगों ने रेल से यात्रा की। यह आँकड़ा 2012 की इसी अवधि की तुलना में 11 लाख कम है। पिछले साल इन्हीं महीनों में इस क्षेत्र में 1.64 करोड़ लोगों ने रेल यात्रा की थी, यानी इस बार 6.5 फीसदी की कमी। यह तब है, जबकि पश्चिम रेलवे ने इस साल अप्रैल से जुलाई के महीनों में यात्रियों का आँकड़ा 1.65 करोड़ तक पहुँचाने का लक्ष्य रखा था। ये चिंताजनक आँकड़े हैं, क्योंकि पिछले कुछ सालों में गाँवों से लगातार लोगों के पलायन का दौर जारी है। लोग

काम के सिलसिले में एक से दूसरी जगह जा रहे हैं, और आवाजाही का सिलसिला बढ़ने ही वाला है। हालाँकि इन्हीं महीनों में पश्चिम रेलवे की कमाई बढ़ी है। पिछले साल इसी अवधि में पश्चिम रेलवे ने 196 करोड़ रुपए कमाए थे। जबकि इस बार 210 करोड़ रुपए। लेकिन यह बढ़त किराया बढ़ने की वजह से हुई। गौर करने लायक यह भी है कि किराए की वृद्धि के बाद पश्चिम रेलवे ने इन महीनों में 265 करोड़ रुपए की आमदनी का लक्ष्य रखा था। लेकिन हुई 55 करोड़ रुपए कम। पश्चिम रेलवे भारतीय रेल के उन डिवीजनों में शुमार है, जो यात्री किराए से सबसे ज्यादा कमाई करते हैं। अन्य रेल डिवीजनों में अप्रैल से जुलाई के बीच 54 करोड़ लोगों ने रेल यात्रा की, जबकि पिछले साल इसी अवधि में 55.4 करोड़ लोगों ने की थी। यानी उन सभी डिवीजनों में यात्रियों की तादाद चार महीनों में 2.52 फीसदी घटी।

अब आँकड़ों के जरिए ही इस कमी के कारणों का पता लगाते हैं। एक सबसे बड़ा कारण जो सामने आया, वह है—जनरल टिकटों की असीमित बिक्री। जनरल टिकटों पर यात्रा करनेवालों की तादाद अप्रैल से जुलाई के बीच 1.5 फीसदी बढ़ गई। ये यात्री जनरल टिकट होने के बावजूद अमूमन रिजर्व कोच में यात्रा करते हैं। इससे रिजर्वेशन वाले यात्रियों को परेशानी होती है और वे अगली बार रेल यात्रा करने से बचने लगते हैं। इसी तरह टिकटों के वितरण का सिस्टम भी खराब है। इससे बिना टिकट यात्रियों को प्रोत्साहन मिलता है। ये भी नियमित यात्रियों के लिए परेशानी का कारण बनते हैं और उन्हें रेल यात्रा के लिए हतोत्साहित करते हैं। तीसरा कारण प्राकृतिक आपदा का सामने आया। उत्तराखंड में जून में आई भीषण बाढ़ की वजह से भी यात्रियों की आवाजाही कम बताई जा रही है। अंत में यात्रियों की कमी का जो सबसे बड़ा कारण रहा, वह है—किराए की बढ़ोतरी। रेलवे ने इस साल के बजट में शुरुआती 25 किलोमीटर की यात्रा के लिए टिकट किराया 30 रुपए तक बढ़ाया था। यह पहले 14 रुपए था, यानी दोगुना। इससे कम दूरी के यात्रियों ने रेल यात्रा को प्राथमिकता देना कम कर दिया। एडवांस रिजर्वेशन पीरियड में कमी किया जाना भी एक वजह है। पहले चार महीने पहले तक

एडवांस रिजर्व टिकट बुक कराए जा सकते थे। अब यह समय दो महीने कर दिया गया है। इससे भी रेलवे का कैश फ्लो प्रभावित हुआ।

फंडा यह है कि आप सबसे सस्ती सेवा देते हैं, इसका मतलब यह नहीं कि आपकी बिक्री भी ज्यादा होगी। आज के समय में दूसरे कारक भी आपका कारोबार प्रभावित करते हैं। कारोबार की प्रगति के लिए इन पर ध्यान देना भी जरूरी है।

□

जरूरी नहीं, तारे सिर्फ आकाश में ही मिलें

रात के साढ़े नौ बजे थे। मैं अपनी सीट पर बैठा आसमान में टिमटिमाते तारों को निहार रहा था। बस के इंजन की हल्की-हल्की आवाज और हल्के-हल्के झटके नींद के झोंकों को आँखों से दूर कर रहे थे। स्लीपर बस से मैं चेन्नई से तमिलनाडु के तंजौर जिले में स्थित अपने गृहनगर जा रहा था। सफर के दौरान कोशिश कर रहा था कि भयानक बस-हादसों और शराबी ड्राइवरों के खयाल दिमाग से दूर ही रहें। मुझे सुबह छह बजे कुंभकोणम पहुँचना था।

आधे घंटे बाद बस के तेज हॉर्न की आवाज आई, हल्के झटके के साथ टायर बाईं तरफ मुड़ गए। इसी के साथ एक जबरदस्त झटके के साथ बस रुक गई। इसी बीच दूर से आती दो लोगों के चिल्लाने की आवाज सुनाई दी। इससे एक बार फिर मेरे दिमाग में शराबी ड्राइवरों के विचार दौड़ने लगे। जो अपने पैसेंजरों की जिंदगियों की परवाह नहीं करते। रात बारह बजे बस चाय पीने के लिए रुकी। मुझे अपनी बस के ड्राइवर के शराबी होने का संदेह था।

मेरा संदेह सही है या नहीं, यह जाँचने के लिए मैं नीचे उतरा और एक कप चाय ली। अन्य यात्रियों के साथ ही एक महिला अपने छह साल के बच्चे के साथ बस से उतरी। वह अपने बच्चे को टॉयलेट की तरफ ले जा रही थी। मैंने ध्यान दिया कि बस का ड्राइवर भी वहीं हमारे साथ खड़ा

हुआ था। उसके हाथ में चाय का कप था। जिसके लिए उसने पैसे चुकाए थे। बस रुकने के बाद आमतौर पर ड्राइवर इन ढाबों या होटलों के काउंटर पर चले जाते हैं। जहाँ उन्हें मुफ्त में चाय-नाश्ता दिया जाता है। ड्राइवर ने माथे पर टीका लगा रखा था और साफ-सुथरी प्रेस की हुई शर्ट पहन रखी थी। इससे लग रहा था कि वह कोई आम ड्राइवरों की तरह नहीं है। मैं उसकी तरफ बढ़ा और उससे बात करना शुरू किया। मैंने उससे पूछा कि जब आप लोगों को मुफ्त में चाय मिलती है तो फिर तुम्हें पैसे देने की क्या जरूरत थी? उसने अपने कंधे उचकाते हुए जवाब दिया, ''मैं उन लोगों के समूह से बाहर हूँ, क्योंकि मैं इस तरह के रैकेट का हिस्सा नहीं बना। इसके बाद उसने अपनी सिगरेट का लंबा कश खींचा और धुएँ के छल्ले बनाने लगा।''

तभी हमने नोटिस किया कि एक छोटा बच्चा डगमगाते हुए टॉयलेट से बाहर निकला। और सड़क की तरफ दौड़ने लगा। वह बच्चा नींद में था। पलक झपकते ही ड्राइवर ने अपनी सिगरेट फेंकी और बच्चे की तरफ लपका। उसनें जल्दी से बच्चे को अपनी ओर खींचा। अगर थोड़ी सी भी देर होती तो वह पास से गुजर रही तेज रफ्तारवाली कार की चपेट में आ सकता था। मैं उस वक्त मदद नहीं कर पाया, लेकिन मन-ही-मन ड्राइवर के उस कदम की सराहना कर रहा था। इसके अलावा मैं अपने ड्राइवर को शराबी समझने के लिए भी खुद को दोषी महसूस कर रहा था।

खैर थोड़ी देर बाद बस चली और मैं ड्राइवर के साथ उसके केबिन में जाकर बैठ गया। उससे बात करने पर पता चला कि वह 25 सालों से बस चला रहा है। उसने तीन कंपनियों के लिए काम किया। इस दौरान उससे एक भी एक्सीडेंट नहीं हुआ। इसके अलावा हथियारबंद लुटेरों से यात्रियों के बचाने के लिए उसे कुछ वक्त पहले पुलिस डिपार्टमेंट की तरफ से सम्मानित भी किया गया। लुटेरों से मुठभेड़ के दौरान उसके गले में तलवार से चोटें भी लग गई थीं। उसकी यह सब बातें किसी एक्शन फिल्म जैसी लग रही थीं। बातों-बातों में सुबह के साढ़े पाँच बज गए और सूरज उगना शुरू हुआ। सूरज की किरणों में ड्राइवर की सफेद शर्ट और चमकदार हो गई थी। 56 साल का दामोदरन सुबह के तारे से भी ज्यादा चमकीला लग रहा था। दामोदरन

को आप एक ऐसा तारा समझ सकते हैं, जो हमेशा अपने पैसेंजरों की सुरक्षा के लिए फिक्रमंद रहता है। सफर खत्म होने के बाद मैं दामोदरन के पास गया। उससे हाथ मिलाया और सुरक्षित यात्रा के लिए उसे धन्यवाद दिया।

फंडा यह है कि सितारे हमारे आसपास ही होते हैं। जहाँ हम उन्हें देख और महसूस कर सकते हैं। उनसे बात कर सकते हैं। उनसे प्रभावित हो सकते हैं।

□

मुश्किल विषय को खेल के जरिए भी पढ़ा सकते हैं

अच्छा लगे या न लगे। सच यही है कि कई स्टूडेंट्स आज भी अलग-अलग कारणों से गणित विषय को पसंद नहीं करते। इस सच्चाई के पीछे क्या वजहें हो सकती हैं? लंदन की यूनिवर्सिटी ऑफ वेस्टमिंस्टर के 24 वर्षीय पोस्ट ग्रेजुएट दिवेश भाटिया और उनकी टीम ने इस सवाल का जवाब तलाशने में समय बरबाद नहीं किया। इसकी बजाय उन्होंने सीधे कुछ आसान तरीके तलाशे और बच्चों को गणित की शिक्षा देनी शुरू कर दी। प्रयोग के तौर पर उन्होंने और उनकी टीम ने मुंबई से लगे ठाणे जिले के ग्रामीण इलाके में कक्षा आठवीं के छात्रों के लिए कई वर्कशॉप की हैं। इन वर्कशॉप के बाद इस क्षेत्र के भारत इंग्लिश हाईस्कूल के छात्रों ने शानदार परिणाम हासिल किए हैं। बच्चों को कक्षाओं में गणित पढ़ाने के परंपरागत तौर-तरीकों के बजाय भाटिया और उनकी टीम की नई तकनीक ज्यादा पसंद आ रही है। इसमें खेल और एंग्रीबर्ड जैसे वीडियो गेम के जरिए गणित के मुश्किल सवालों को हल करना सिखाया जाता है।

खेल-खेल में गणित पढ़ाने का आइडिया भाटिया को उस वक्त आया, जब वे टीवी पर क्रिकेट मैच देख रहे थे। स्कूल के कुछ छात्र भी उनके साथ थे। वे अपनी पसंदीदा टीम के स्कोर से जुड़ी गणनाएँ बड़ी आसानी से किए जा रहे थे। पसंदीदा बल्लेबाज और गेंदबाज का इकोनॉमी रेट क्या है? कौन-कैसे आगे रहेगा? वगैरह। सबकुछ बहुत आसान था उनके लिए, क्योंकि उस वक्त खेल ने उनके दिमाग से गणित की गणनाओं का हौवा निकाल दिया था। वह

हौवा जो कक्षा में अकसर हावी रहता और जिसकी वजह से इसी तरह की गणनाएँ करने में वे मात खा जाते थे। भाटिया और उनकी टीम ने गौर किया कि जो छात्र नंबरों से घबराते थे, वही क्रिकेट के आँकड़े बहुत आसानी से समझ रहे थे। टीवी पर विशेषज्ञ उन आँकड़ों से जुड़े आगे-पीछे के तथ्य बताते, उससे पहले ही छात्र आसानी से उसी निष्कर्ष पर पहुँच रहे थे। विशेषज्ञों के निष्कर्ष के जरिए वे सहजता से अपने आँकड़ों को या तो सुधार रहे थे या फिर उन्हें पुख्ता कर रहे थे।

जबकि यही प्रक्रिया जब कक्षा में कोई शिक्षक अपनाता तो वे डर जाते थे। क्रिकेट के जरिए अनजाने में गणित से जुड़ रहे छात्रों में वे भी शामिल थे, जो इस विषय से नफरत करते थे। लेकिन मैच के अनुकूल माहौल ने आँकड़ों से उनकी नफरत को दूर भगा दिया था।

भाटिया बच्चों को पढ़ाने के लिए एंग्री बड्र्स नामक एक वीडियो गेम का इस्तेमाल करते हैं। इसके जरिए वे औसत करना सिखाते हैं। वे तीन अलग-अलग रंग (लाल, पीले और हरे) के पक्षियों को लेते हैं। पाँच ब्लॉक्स का भी इस्तेमाल किया जाता है। लाल पक्षियों के 10, हरे के 20 और पीले के 40 प्वॉइंट होते हैं। पाँचों ब्लॉक्स 10-10 प्वॉइंट के होते हैं। हर बच्चे से पक्षियों और ब्लॉक्स पर स्पंज बॉल के जरिए दो बार निशाना साधने को कहा जाता है। ब्लॉक्स और पक्षियों को दिए गए नंबरों के मुताबिक बच्चे स्कोर करते हैं। फिर उनसे हर बार के स्ट्रोक के हिसाब से औसत निकालने को कहा जाता है। इसी तरह से बच्चों को फुटबॉल के जरिए प्रतिशत के बारे में बताया जाता है। बास्केटबॉल के माध्यम से ट्रिगनोमेट्री (त्रिकोणमिति) सिखाई जाती है। दरअसल, व्यावहारिक उदाहरणों के बिना बच्चे गणित की अवधारणाओं को समझ नहीं पाते। लेकिन खेल के जरिए, उन्हें ये नियम समझने में आसानी होती है। गणित में मास्टरी हासिल करने के लिए जरूरी है—आप सूत्र और मूल्य वगैरह कितने ठीक ढंग से याद रखते हैं। खेलों के जरिए बच्चे यह काम भी बेहतर ढंग से कर रहे हैं। बच्चों को ब्लैक बोर्ड से दूर ले जाकर उनकी प्रतिभा को निखारने का प्रयास, वह भी गणित जैसे किसी विषय में, बेहद महत्त्वपूर्ण है। नए-नए तरीकों से ठाणे में बच्चे इस कठिन विषय को बेहद आसानी से सीख रहे हैं। परीक्षा में गणित विषय में उन्हें मिलनेवाले नंबरों में भी ये साफ नजर आ रहा

है। मतलब साफ है कि परंपरागत तरीकों से इस तरह के नए तरीके कहीं बेहतर और प्रभावी हैं। गणित पढ़ानेवाले शिक्षकों के लिए यह काबिलेगौर है।

फंडा यह है कि क्लास रूम और ब्लैक बोर्ड से बाहर सीखने-सिखाने के तरीके ज्यादा प्रभावी हैं। भाटिया और उनकी टीम ने इसे साबित कर दिया है। देश के दूसरे हिस्सों में भी स्कूल और शिक्षक इससे सीख ले सकते हैं।

□

लक्ष्य पर केंद्रित कैसे रहते हैं, इस बच्चे से सीखा जा सकता है

किसी स्कूल में लगातार 10 साल तक पढ़ाई, एक उपलब्धि है। इस दौरान हर कक्षा में अच्छे नंबर लाना, यह भी उपलब्धि है। अपने शिक्षकों की गुड बुक में बने रहना भी उपलब्धि ही है। हममें से बहुत से लोगों ने ऐसी उपलब्धियाँ हासिल भी की होंगी। लेकिन बहुत कम लोग होंगे, जिन्होंने भव्य शाह की तरह उपलब्धि पाई हो। अहमदाबाद के बोपाल में स्थित दिल्ली पब्लिक स्कूल का यह छात्र पिछले 10 साल से एक भी दिन स्कूल में गैर-हाजिर नहीं रहा। सीनियर केजी में सिर्फ एक दिन बहुत तेज बुखार की वजह से वह स्कूल नहीं आ सका। लेकिन उसके बाद कक्षा 10वीं तक कभी ऐसा नहीं हुआ, जब वह स्कूल न आया हो। भव्य ने इसी साल 10वीं की परीक्षा पास की है। नई ग्रेडिंग प्रणाली में उसने 10 में से 10 ग्रेड प्वॉइंट हासिल किए हैं। स्कूल में लगातार उपस्थित रहने की अनोखी उपलब्धि के लिए स्कूल की ओर से उसे 10 दिन पहले ही 'उत्कृष्ट सतत' अवॉर्ड दिया गया है। हर बार अच्छे नंबर लाने की वजह से 'कुशाग्र' अवॉर्ड भी दिया गया।

अंबावाड़ी के श्रेयस टेकड़ा इलाके में रहता है भव्य। पिछले 10 साल के दौरान उसने स्कूल में अपनी उपस्थिति बनाए रखने के लिए घर और परिवार के ढेरों समारोह तक छोड़ दिए। चाहे वह शादी-ब्याह हो या सालगिरह। उसे देश से बाहर जाने का भी मौका मिला, लेकिन वह भी छोड़ दिया, ताकि स्कूल न छूटे। परिवार के लोगों ने कई बार टीचर्स और प्रिंसिपल से आग्रह किया कि वे भव्य को समझाएँ। बताएँ कि शादी समारोह वगैरह बार-बार नहीं आते। इनमें

शामिल होने का मौका भी एक बार ही मिलता है। लेकिन भव्य नहीं माना। उसके लिए कक्षा में पढ़ाई से बढ़कर कभी कुछ नहीं रहा। उसने हमेशा अपने टीचर्स को बड़ी नम्रता के साथ कह दिया कि वह किसी भी समारोह में स्कूल के समय के बाद ही शामिल होगा। उसके माता-पिता बताते हैं कि एक बार उसके पैर में मोच आ गई। लेकिन तब भी उसने स्कूल जाना नहीं छोड़ा। परिवार के लोगों ने बहुत समझाया, लेकिन कोई फायदा नहीं हुआ। तब से परिवार का हर शख्स भव्य के स्वास्थ्य को लेकर खास ऐहतियात बरतने लगा, ताकि उसे किसी तकलीफ के साथ स्कूल न जाना पड़े। घर में हर कोई पढ़ाई और स्कूल को लेकर उसके जुनून को समझ चुका था। भव्य के लिए स्कूल जाते रहना ही सबकुछ नहीं था। उसने हर कक्षा में सभी विषयों में अच्छे नंबर हासिल करने पर भी ध्यान केंद्रित किया। इस काम में भी उसे सफलता मिली और 10वीं कक्षा में 10 में से 10 ग्रेडिंग प्वॉइंट मिलना इसका सबूत है। दूसरे बच्चों की तरह उसके भी कई दोस्त हैं। वह भी फिल्में देखता है। परिवार और समाज में होनेवाले समारोहों में शामिल होता है, लेकिन सबकुछ स्कूल के बाद। घर में उसके कमरे में टाइम-टेबल चस्पा है। इसमें बड़े-बड़े अक्षरों से साफ लिखा है, 'मेरे एजेंडे में स्कूल सबसे ऊपर है।' निश्चित तौर पर भव्य की इस उपलब्धि में उसके परिवार का भी हाथ है, जिसने उसे ऐसा माहौल और परिस्थितियाँ उपलब्ध कराईं, जिनमें रहकर वह अपने लक्ष्य को हासिल कर सका।

फंडा यह है कि आपको कोई रोक नहीं सकता। बशर्ते, आपका ध्यान लक्ष्य पर पूरी तरह केंद्रित हो। किसी सफलता का यही एक मंत्र है।

□

किसी सवाल को गलत नहीं कहा जा सकता

अजरुन (नाम बदल दिया गया है, क्योंकि वह विकलांग है।) को उस वक्त बहुत दिक्कत होती थी, जब टीचर उसे अपने पास बुलाते। उससे कहते कि वह बाकी क्लास को संबोधित करे। उस दौरान वह अपने जूतों के फीते भी ठीक ढंग से नहीं बाँध पाता था। सवाल-जवाब के पूरे सेशन में भी उसके सवालों को 'गलत' करार दे दिया जाता। उन्हें सिलेबस से बाहर का माना जाता। लेकिन कुछ टीचर थे, जो उसे सवाल पूछने के लिए हमेशा प्रोत्साहित करते। वे मानते थे कि कथित 'गलत सवाल-जवाबों' से भी कई बार शानदार आइडिया मिलते हैं।

शायद इसीलिए फाइनल सेमेस्टर में उसने बड़ा बिजनेस आइडिया दिया। उससे टीचर ने उसके बिजनेस प्रोजेक्ट आइडिया के बारे में पूछा था। उसने जवाब दिया, "एक ऐसा जूता डिजाइन करना चाहता हूँ, जिसमें फीते बाँधने की जरूरत ही न पड़े।" देश में 2001 तक करीब 2.19 करोड़ लोग किसी-न-किसी रूप में विकलांग थे। साल 2011 तक संख्या बढ़कर 2.68 करोड़ हो गई। और इस साल, यानी 2013 के अंत तक तीन करोड़ के करीब। ये आँकड़ा ऑस्ट्रेलिया की आबादी के आसपास है या शायद उससे भी कहीं ज्यादा। लेकिन इसके बावजूद देश में एक भी ऐसा शू-स्टोर नहीं है, जहाँ खास विकलांगों के लिए जूते मिलते हों। कोई फैशन शोरूम्स ऐसा नहीं मिलेगा, जहाँ रैंप होता हो या एक ऐसा ट्रायल रूम, जहाँ व्हीलचेयर के साथ जाया जा सके। लेकिन दूसरे देशों में ऐसा नहीं है। अमेरिका, ब्रिटेन और यूरोप के कई देशों में एडॉप्टिव क्लॉथिंग बिल्कुल आम है। एडॉप्टिव क्लॉथिंग, यानी विकलांगों के लिए उनकी जरूरत

के मुताबिक खास किस्म की ड्रेसेस। यही नहीं, वहाँ के शोरूम्स में उनके रैंप और व्हीलचेयर फ्रेंडली चेंजिंग रूम की सुविधा भी होती है।

इन समस्याओं के मद्देनजर अजरुन और उसकी 35 सदस्योंवाली टीम ने शहर के कुछ अन्य विकलांगों को बुलाया। उनसे उनकी समस्याएँ जानीं। खासकर कपड़ों-जूतों आदि से संबंधित। लोगों ने जो समस्याएँ बताईं, उससे अजरुन और उसकी टीम को बिजनेस आइडिया मिला। इसके जरिए शारीरिक रूप से सक्षम एक बड़ी आबादी को सुविधा दी जा सकती थी। ये स्टूडेंट्स नेशनल इंस्टीट्यूट ऑफ फैशन डिजाइन (एनआईएफटी) चेन्नई के हैं। इन्होंने ऐसी शर्ट बनाई है, जिसे टी-शर्ट की तरह उतारा व पहना जा सकता है।

यह शर्ट उन लोगों के लिए है, जिन्हें बटन लगाने में मुश्किल होती है। इसी तरह ऐसा पैंट बनाया, जिसमें बटन या जिप लगाने की जरूरत ही न पड़े। इसमें कमर में पीछे की ओर इलास्टिक बैंड दिया गया है। बेल्ट बाँधने में भी कई लोगों को मुश्किल होती है, इसलिए पैंट के साथ ही बेल्ट जैसे लुक वाला एक बकल व हुक लगा दिया गया। फिलहाल ये कपड़े परीक्षण के दौर में हैं। इसके बाद इन्हें मई में एनआईएफटी के फैशन शो में प्रदर्शित किया जाएगा। एनआईएफटी के स्टूडेंट्स के साथ इस आइडिया पर एबिलिटी फाउंडेशन भी काम कर रहा है। एक देश, जहाँ लोग सही-गलत सवालों और जवाबों के फेर में ही उलझे रहते हैं, वहाँ एक तरह से क्रिएटिविटी को खत्म ही किया जाता है। और इसीलिए जब क्रिएटिविटी के मसले पर अगर हमसे किसी का नाम पूछा जाए तो डॉ. सीवी रमन का नाम ही याद आता है। जिन्होंने अपने काम और रचनात्मकता के बल पर नोबेल पुरस्कार जीता। और लगता है कि अगले 200 साल तक भी हम डॉ. रमन का नाम ही लेते रहेंगे। क्योंकि हमारे यहाँ क्रिएटिविटी को प्रोत्साहन देने का आम चलन ही नहीं है।

फंडा यह है कि सवाल कभी सही-गलत नहीं होते। उनकी इस तरह की कोई पहचान नहीं होती। उनके या तो जवाब दिए जा सकते हैं या उन्हें बिना जवाब दिए छोड़ा जा सकता है। अर्थात् अगर आप लोगों को सवाल पूछने के लिए प्रोत्साहित करेंगे तो इससे क्रिएटिविटी को भी बढ़ावा मिलेगा।

□

अक्षमता या हालात आपकी सफलता में कभी बाधा नहीं बन सकते

अक्षमता की कहानी—मध्य प्रदेश के दमोह में रहनेवाली श्रृष्टि तिवारी की आँखों में बचपन से मोतियाबिंद है। उसके 11 ऑपरेशन हो चुके हैं। लेकिन हालात में सुधार नहीं हुआ। उलटा समय के साथ-साथ स्थिति और बिगड़ गई। आज उसकी आँखों में सिर्फ पाँच फीसदी ही दृश्यता बची है, यानी वह 95 फीसदी दृष्टिहीन हो चुकी है। लेकिन उसने अपनी इस अक्षमता को कभी अपने ऊपर हावी नहीं होने दिया। पढ़ाई में शुरू से ही अव्वल रही। कई स्कॉलरशिप व सर्टिफिकेट उसके नाम हो चुके हैं।

श्रृष्टि के मामा और नाना-नानी ने पढ़ाई की तरफ उसके रुझान को नोटिस किया। उसकी हर कदम पर मदद की। उन्होंने उसका आत्मविश्वास बढ़ाया। परीक्षाओं में सहयोग किया। पढ़ाई-लिखाई में जो परेशानियाँ पेश आईं, उनका मुकाबला करना सिखाया। उनसे निकलने का रास्ता दिखाया। कक्षा पाँचवीं के बाद से ही वह अपने नाना-नानी वीरेंद्र और सुनीता गंगेले व मामा वीके गंगेले के साथ रह रही है। श्रृष्टि को ब्रेल लिपि भी आती है। इसी की मदद से वह स्कूल में अपने नोट्स तैयार करती है।

श्रृष्टि के मामा ने उसे एक लो-विजन डिवाइस भी लाकर दी है, ताकि वह किताब-कॉपियों में लिखे हुए को पढ़ सके। लेकिन इसके जरिए भी वह एक घंटे से ज्यादा पढ़ नहीं पाती थी। तब उसके मामा, नाना या नानी उसे नोट्स पढ़कर सुनाते हैं। तब तक, जब तक कि उसे पाठ याद न हो जाए।

इस तरह उसने रोज चार-पाँच घंटे पढ़ाई की। बोर्ड परीक्षाओं की तैयारी की। फिर एक लेखक की मदद से बोर्ड परीक्षा में बैठी। नतीजा यह कि 2013 की एमपी बोर्ड परीक्षा में वह प्रदेश में चौथे स्थान पर रही।

हालात की कहानी—मध्य प्रदेश के ही बैतूल जिले में रहती है—पूनम घोरे। देश के सबसे व्यस्त भोपाल-नागपुर रेलवे ट्रैक के किनारे बसी जयप्रकाश झुग्गी बस्ती में। जिस झुग्गी में पूनम रहती है, वह 20 × 10 से ज्यादा बड़ी नहीं होगी। यही नहीं, बगल के रेलवे ट्रैक से रोज करीब 140 ट्रेनें गुजरती हैं। हाइवे भी नजदीक से ही गुजरता है। वहाँ से आने-जानेवाली गाड़ियों का लगातार होनेवाला शोर-शराबा अलग। झुग्गी के हालात, हल्ला-गुल्ला, वायु प्रदूषण के बीच क्या कोई ध्यान एकाग्र कर सकेगा?

लेकिन पूनम ने इस सबके बावजूद हर रोज छह-सात घंटे पढ़ाई की। मन लगाकर। बिजली कटौती और विपरीत मौसम ने भी उसे विचलित नहीं किया। उसके पिता गनपति किडनी के मरीज हैं, इसलिए वे कोई काम नहीं कर पाते। घर का खर्च माँ प्रमिला के काम के बल पर चलता है। वह पहले घरों में झाड़ू-पोंछा का काम करती थी। अब स्थानीय आँगनबाड़ी में काम करने लगी है। कुल आमदनी 4,000 रुपए ही होती है। इसी रकम से घर का और पूनम की पढ़ाई-लिखाई का खर्च चलता है।

इसके बावजूद पूनम ने पढ़ाई नहीं छोड़ी। एक के बाद एक परीक्षाएँ पास करती गई। और किसी भी परीक्षा में उसके 90 फीसदी से कम नंबर नहीं आए। पेंटिंग में उसकी खास रुचि रही। ऐसे ही एक पेंटिंग कॉम्पटीशन में जिले के एसपी ललित शाक्यवर जज थे। यह बच्ची इस कॉम्पटीशन में भी अव्वल रही। एसपी उससे बहुत प्रभावित हुए। उन्होंने उसे हर महीने 1,000 रुपए की मदद की घोषणा कर दी। वहाँ से उसे बैतूल में जिले के स्कूल ऑफ एक्सिलेंस में भी भिजवा दिया।

अब पूनम उसी स्कूल के हॉस्टल में रह रही थी। यहीं रहते हुए उसने 2013 के 10वीं बोर्ड एक्जाम की तैयारी की। जब नतीजा आया तो पूनम मध्य प्रदेश एजुकेशन बोर्ड की मैरिट लिस्ट में टॉप पर थी। उसने 600 में 587 नंबर हासिल किए थे।...ये तो सिर्फ दो उदाहरण हैं। इनकी तरह और भी कई प्रतिभाएँ हैं, जिन्होंने अक्षमता और हालात को मात दी। आनेवाले एक्जाम

सीजन में ऐसे लोग हमारे रोल-मॉडल होने चाहिए। इन्हें सामने रखकर अपने लक्ष्य पर ध्यान केंद्रित करना चाहिए।

फंडा यह है कि अगर आप लक्ष्य पर एकाग्र हैं और आपने कुछ हासिल करने का निश्चय कर लिया है तो कोई ताकत आपको नहीं रोक सकती। न ही आपकी कोई अक्षमता और न ही हालात।

□

हमारा जमाना खत्म नहीं हुआ

कुछ लोग अकसर कहते रहते हैं, 'हमारा जमाना तो खत्म हो गया। हमारा क्या है। अब तो बच्चों का है सबकुछ।' ऐसे लोगों को कुछ देर रुकना चाहिए। इस कहानी को पढ़ने के बाद विचार बदल सकते हैं। वे अभी 100 साल के हैं। सिर्फ 100 साल। वे कहते हैं कि जब तक उन्हें न्याय नहीं मिल जाता और जब तक वे लोगों को जागरूक नहीं कर देते, आखिरी साँस नहीं लेंगे। न्याय मिलने की बात तो समझ में आती है, लेकिन जब जागरूकता की बात करते हैं तो पूरे देश के लिए शर्मिंदगी की बात होती है। कैसे? दरअसल, वे टॉयलेट की अहमियत के बारे में ज्यादा-से-ज्यादा लोगों को जागरूक करना चाहते हैं। इस सिलसिले में उन्होंने एक कंपनी के खिलाफ कर्नाटक हाईकोर्ट में याचिका दायर कर रखी है। उन्होंने तय कर रखा है कि वे हार नहीं मानेंगे। इस उम्र में भी वे अपनी इस लड़ाई के लिए हाईकोर्ट के गलियारों में चक्कर काटते दिख रहे हैं। लोग उन्हें सलाह देते हैं, 'आपकी इतनी उम्र हो गई है। क्यूँ आप यह सिरदर्द मोल ले रहे हैं।' लेकिन वे किसी की नहीं सुनते।

यहाँ बात आर. कपानीपाथी राव की हो रही है। उन्होंने जिस कंपनी के खिलाफ याचिका लगाई है, वे खुद उसके संस्थापकों में से एक हैं। सन् 1937 में यह कंपनी बनी। इसमें वे आज भी सबसे बड़े हिस्सेदार हैं। कंपनी का नाम है, 'मैसूर स्टोनवेयर पाइप्स ऐंड पॉटरीज लिमिटेड।' यह कर्नाटक की सबसे पुरानी मैन्यूफैक्चरिंग कंपनियों में से एक है।

राज्य में 1930 के दशक में प्लेग फैला था। तब उसके बाद इसे मैसूर के तत्कालीन राजा ने शहर को आधुनिक बनाने की जिम्मेदारी सौंपी थी। कंपनी को राजा ने 1937 में ही 188 एकड़ जमीन दान में भी दी। राव का आरोप है

कि कंपनी ने 2006 में अवैध रूप से इसमें से 140 एकड़ जमीन बेच दी। राव ने याचिका में बताया है कि इस कंपनी को राजा के प्रयासों से शुरू किया गया। जिस तरह से प्लेग फैला था, उसे देखते हुए शहर में ही नहीं, देश में भी साफ-सफाई की बेहद जरूरत महसूस की गई थी। लोगों ने उस वक्त यह समझ लिया था कि टॉयलेट्स सिर्फ उनके लिए ही नहीं, बल्कि देश के स्वास्थ्य के लिए भी जरूरी हैं। इसके मद्देनजर, कंपनी को बड़े पैमाने पर ड्रेनेज पाइप और सैनिटरी आइटम्स का निर्माण करने को कहा गया था। थोड़ी मात्रा में उसे ईंट और मिट्टी के बरतन आदि के निर्माण की भी छूट दी गई थी। लेकिन अब कंपनी ने अपनी गतिविधियाँ राज्य के टुमकुर में खनन की ओर मोड़ दी हैं। यही उनकी लड़ाई की वजह है। राव कहते हैं कि प्लेग फैलने की उस घटना के 85 साल बाद भी देश में करीब 60 करोड़ लोग खुले में शौच करने जाते हैं। यह हमारी कुल आबादी के आधे से भी ज्यादा है। पूरी दुनिया में लगभग 2.5 अरब लोगों के पास टॉयलेट की सुविधा नहीं है। दूसरा कोई आविष्कार ऐसा नहीं है, जो लोगों के जीवन को इतने बड़े पैमाने पर सुरक्षा देने की क्षमता रखता हो, सिवाय टॉयलेट के।

इसके बावजूद हम इसकी उपेक्षा कर रहे हैं। भारत जैसे विकासशील देशों में विभिन्न तरीकों से निकला 80 फीसदी गंदा पानी यूँ ही पड़ा रहता है। यह नदियों, तालाबों और दूसरे जलस्रोतों को गंदा करता है। सिर्फ इसलिए कि कई घरों में अब भी टॉयलेट नहीं हैं। शहरों में भी इस तरह की मूलभूत सुविधाओं की अनदेखी की जा रही है। राव मानते हैं कि कंपनी के साथ उनकी कानूनी लड़ाई देश के कई लोगों का ध्यान खींचेगी, क्योंकि वे इतनी अधिक उम्र में भी यह संघर्ष कर रहे हैं। दूसरी तरफ, इस संघर्ष से टॉयलेट की कमी का मसला भी चर्चा का विषय बनेगा, जिसकी देश को सबसे ज्यादा जरूरत है। इसलिए वे इस लड़ाई को मिशन की तरह लड़ रहे हैं। और इसे आखिरी साँस तक लड़ना चाहते हैं। वे कहते हैं कि पिछले 12 साल से दुनिया भर में 19 नवंबर को विश्व 'शौचालय दिवस' मनाया जा रहा है। लेकिन इस भारी-भरकम आयोजन के बावजूद देश में शौचालयों की संख्या अब तक नहीं बढ़ी। हो सकता है कि उनकी लड़ाई से ही यह मसला अहम हो जाए। जब सुप्रीम कोर्ट ने कर्नाटक में खनन पर प्रतिबंध लगाया तो राव इस फैसले से

सबसे ज्यादा खुश होनेवालों में से थे। उनकी लड़ाई भी तो यही है कि उनकी कंपनी को उसके मूल कामकाज की ओर लौटना चाहिए। उन्हें पक्का यकीन है कि उनका समय अभी खत्म नहीं हुआ है। जब तक उन्हें बनानेवाला पैदा करनेवाला उन्हें किसी दूसरे उद्देश्य के लिए नहीं लगा देता, तब तक वे अपना सर्वश्रेष्ठ देते रहेंगे।

फंडा यह है कि अगर आपके जीवन में कोई मकसद है तो आप भी कह सकते हैं, 'हमारा जमाना कभी खत्म नहीं होता।'

□

रिटायरमेंट की उम्र कोई बंधन नहीं है

1. दुनिया की सबसे बुजुर्ग सुपर मॉडल हैं—डैफनी सेल्फ। उम्र है 85 साल। उनका मॉडलिंग का कॅरियर करीब 70 साल का हो चुका है। वे हाल में ही ब्रिटेन के टीके मैक्स विज्ञापन अभियान में नजर आईं। लंबे घने बाल उनकी खास पहचान हैं। इस अभियान के दौरान उन्होंने अपने से बेहद कम उम्र की मॉडल्स को भी सकते में डाल दिया। सेल्फ ने अपना मॉडलिंग कॅरियर 1950 से शुरू किया था। इस दौरान उन्होंने डॉल्स ऐंड गैब्बाना, नीविया, ओले जैसे ब्रांड्स के विज्ञापन किए। वोग का विज्ञापन तो उन्होंने 70 साल की उम्र में किया। वे बढ़ती उम्र में भी खुद को युवा महसूस करनेवालों के लिए 'पोस्टर चाइल्ड' की तरह हैं।
2. हरे कृष्णा मूवमेंट के संस्थापक 69 साल के थे, जब उन्होंने इंटरनेशनल सोसाइटी फॉर कृष्णा कॉन्ससनेस (इस्कॉन) की स्थापना की। प्रभुपाद तब तक कोलकाता में संस्कृत के विद्वान् और केमिस्ट के तौर पर जाने जाते थे। लेकिन 1965 में वे न्यूयॉर्क सिटी गए। उनके साथ एक जोड़ी झाँझ-मजीरा और यही कुछ 50 लोग थे। मन में एक इच्छा भी कि भगवान् कृष्ण के उपदेशों का दुनिया में प्रचार-प्रसार करना है। यह उनके आंदोलन की शुरुआत थी।
3. रोनाल्ड रीगन विख्यात अभिनेता थे। वे 55 साल की उम्र में पहली बार चुनाव लड़े और जीते। रीगन ने 1966 में कैलीफोर्निया के गवर्नर का चुनाव लाख से भी ज्यादा वोट से जीता। इससे पहले उनका

राजनीतिक अनुभव बहुत थोड़ा था। वे स्क्रीन ऐक्टर गिल्ड के अध्यक्ष रह चुके थे और जनरल इलेक्ट्रिक के प्रवक्ता भी। लेकिन यह अनुभव ऐसा नहीं था कि वे दो बार अमेरिका के राष्ट्रपति चुने जाते। लेकिन हुआ यही।

4. रे क्रॉक 1917 में जब 15 साल के थे तो उन्होंने रेड क्रॉस में एंबुलेंस ड्राइवर के तौर पर ज्वॉइन करने के लिए अपनी उम्र के संबंध में झूठ बोला। लेकिन उनकी ट्रेनिंग पूरी हो पाती, इससे पहले पहला विश्वयुद्ध खत्म हो गया। उसके बाद वे पियानो प्लेयर और पेपर कप व मल्टी मिक्सर सेल्समैन के तौर पर काम करने लगे। उन्होंने 1955 में मैकडोनॉल्ड कॉरपोरेशन की स्थापना की। उनकी सोच एकदम अलग थी। वे ऐसे रेस्टोरेंट सिस्टम का निर्माण करना चाहते थे, जो पूरी दुनिया में उच्च क्वालिटी की खाने-पीने की चीजों के लिए जाना जाए। लेकिन इन चीजों को बनाने का तरीका और स्वाद सभी जगह एक सा हो। वे इस रेस्टोरेंट के जरिए बर्गर, बंस, फ्राइज और बेवरेजेज लोगों को पेश करना चाहते थे। आज यह ब्रांड पूरी दुनिया में जाना जाता है।

5. एसके शर्मा का जन्म उत्तर प्रदेश के बागपत जिले में यमुना के किनारे बसे एक गाँव में 1938 में हुआ। किसान परिवार के इस बेटे ने 1955 में मैट्रिक की परीक्षा पास की। इसके चार साल बाद 1959 में आगरा यूनिवर्सिटी से ग्रेजुएशन किया। एक साल बाद 1960 में शिक्षक के तौर पर काम शुरू किया। हरियाणा में सोनीपत के शंभू दयाल मॉडर्न स्कूल के प्रिंसिपल बने। उन्होंने 55 साल की उम्र में, जबकि ज्यादातर लोग रिटायरमेंट के बाद की अपनी योजनाएँ बनाने लगते हैं, अपनी नौकरी छोड़ दी। ऋषिकुल विद्यापीठ के नाम से नया स्कूल शुरू किया। आज वे इस संस्था के चेयरमैन हैं। उनके स्कूल में करीब 5,000 छात्र और लगभग 1,000 स्टाफ के सदस्य हैं। सोनीपत में यह सबसे बड़ा स्कूल है। करीब 40 एकड़ जमीन पर फैला हुआ

और सभी तरह की सुविधाओं से संपन्न। शर्मा की उम्र 75 हो चुकी है। लेकिन वे 10वीं कक्षा में पढ़नेवाले बच्चे से भी तेज चलते हैं। उनसे आधी उम्र के लोगों को भी उनके साथ चलने के लिए दौड़ लगानी पड़ती है। हाल में ही हुए भास्कर उत्सव के दौरान मैंने खुद यह देखा है।

फंडा यह है कि रिटायरमेंट की उम्र कोई बंधन नहीं है। आज अंतरराष्ट्रीय वृद्धजन दिवस है। इस मौके पर हम अपने आसपास देखेंगे तो पाएँगे कि बड़ी उम्र के कई लोग यह साबित करने में लगे हैं कि उम्र तो सिर्फ एक आँकड़ा है। और यह भी कि उपलब्धियाँ सिर्फ उन्हीं के खाते में आती हैं, जो लक्ष्य पर केंद्रित और प्रतिबद्ध होते हैं। ये चंद उदाहरण भी यही साबित कर रहे हैं।

□

काबिल, सक्षम लोग रिटायर नहीं होते

कई लोगों के लिए मंदिर या चर्च के घंटों की आवाज जानी-पहचानी होती है। कुछ लोगों के लिए यह ध्वनि एकदम अलग रहती है, क्योंकि इसे वे वहाँ अपने जन्म के समय पहली बार सुनते हैं और वे इस आवाज को सुनकर ही बड़े होते हैं। हर घंटे का आकार-प्रकार अलग रहता है। कई प्रसिद्ध पूजा-स्थलों के घंटे सौ-डेढ़ सौ साल पुराने हैं। लेकिन पुराने होने के कारण इन घंटों में दरार पड़ जाती है। ऐसी स्थिति में इस देश में घंटों को सुधारने और उनका पुराना वैभव वापस लौटाने के लिए कोई संस्था या एजेंसी नहीं है।

वेल्डिंग रिसर्च इंस्टीट्यूट (डब्ल्यूआरआई) को छोड़कर कोई भी संस्था घंटों की मूल आवाज को वापस लौटाने में सक्षम नहीं है। हम यहाँ पर उनके आकार के संबंध में बात नहीं कर रहे। यहाँ तक कि डब्ल्यूआरआई में भी इन दिनों वर्षों पुराने घंटों को सुधारने के लिए कारीगर और वेल्डर नहीं हैं।

भारत सरकार ने भारत हैवी इलेक्ट्रिकल्स लिमिटेड के तहत डब्ल्यूआरआई की स्थापना की है। वह भारत में अपनी तरह का एकमात्र इंस्टीट्यूट है, जिसमें पुराने घंटों का मूल चरित्र बरकरार रखते हुए उनकी वेल्डिंग करने की सुविधा है। लेकिन इस तरह का संगठन कई कारणों से कभी-कभार ही घंटों को सुधारने का काम हाथ में लेता है। दूसरी तरफ, भारतीय पुरातत्त्व सर्वेक्षण (एएसआई) के अधिकारी तक सोचते हैं कि घंटे की मरम्मत करने की बजाय उसे क्षतिग्रस्त रहने दिया जाए। अगर कोई घंटा सौ साल से अधिक पुराना है तो एएसआई मंदिर या चर्च के अधिकारियों से संपर्क करने के लिए कहेगा, ताकि घंटे को म्यूजियम में सुरक्षित रखा जा सके। सामान्यतः एएसआई घंटे को सुधारने का प्रयास नहीं करता है, क्योंकि इससे उसका पुरातत्त्व महत्त्व प्रभावित

हो सकता है। सच तो यह है एएसआई ने टूटे या दरारोंवाले घंटों को सुधारने का अब तक कोई प्रयास नहीं किया है।

उनका कहना है कि प्रत्येक घंटे का एक निश्चित स्वरूप होता है और अगर वेल्डर को उसकी जानकारी नहीं रहती, तो वह घंटे की विशिष्ट आवाज को नष्ट कर सकता है। इस कारण से तमिलनाडु में चेन्नई के पास पूवानुर गाँव में सतुरंगनाथर मंदिर के 150 साल पुराने घंटे, जिसमें दरार पड़ गई थी, की मरम्मत करने का किसी ने प्रयास नहीं किया। यह घंटा लगभग 70 वर्ष से नहीं बजाया गया है। लेकिन पिछले सप्ताह जब घंटे की मूल आवाज गूँजी, तो टी. कंडास्वामी सहित वहाँ रोज आनेवाले श्रद्धालुओं के लिए यह बहुत बड़ी बात थी। कंडास्वामी बताते हैं कि यह 41वाँ घंटा है, जिसे उन्होंने डब्ल्यूआरआई के लिए सुधारा है। वे डब्ल्यूआरआई त्रिची में मुख्य वेल्डर थे और वर्षों पहले रिटायर हो चुके हैं। उन्हें 150 साल पुराने घंटे को सुधारने के लिए कुछ माह पहले ही बुलाया गया था।

घंटे को सुधारने का काम शुरू करने से पहले पता लगाया गया कि घंटा किस दौर का है। उसमें उपयोग की गई धातुओं की जानकारी ली गई। पुराने घंटों की वेल्डिंग करने के लिए उन्हें 600 से 800 डिग्री सेल्सियस तापमान के बीच गरम किया जाता है। कंडास्वामी पेरूमपन्नाइयुर में सेंट जोसफ चर्च और त्रिची के रॉक फोर्ट मंदिर सहित सौ साल से अधिक पुराने कई घंटों का पुराना वैभव लौटा चुके हैं।

सतुरंगनाथर मंदिर के घंटे का वजन 70 किलो है। यह पीतल और मिश्र धातुओं से बना है। सेंट जोसफ चर्च के दो टन वजनी घंटे को 1879 में पेरिस में बनाया गया था। इसे सेंट जोसफ चर्च को भेंट किया गया था। घंटे को बजाने के लिए चार व्यक्ति रस्सा खींचते हैं। इसमें 1954 में दरार पड़ गई थी और इसे 1979 में सुधार लिया गया। रॉक फोर्ट मंदिर के सौ साल पुराने घंटे में दरार पड़ गई थी, उसे 1999 में दुरुस्त किया गया।

जब भी किसी प्रमुख धार्मिक स्थान के घंटे की आवाज गड़बड़ हो जाती है, कंडास्वामी को याद किया जाता है, क्योंकि वे अपने वेल्डिंग के काम में माहिर हैं। मेट्रो मैन के नाम से मशहूर ई. श्रीधरन को याद कीजिए। वे कभी रिटायर नहीं हुए। 80 वर्ष से अधिक की आयु के बावजूद वे कई रेलवे प्रोजेक्ट

के सलाहकार हैं। इसी तरह कंडास्वामी भी कई धार्मिक स्थानों में सलाहकार की भूमिका निभा रहे हैं।

फंडा यह है कि अगर आप अपने कार्यक्षेत्र, भले ही वह वेल्डिंग या रेल निर्माण हो, में सर्वश्रेष्ठ हैं तो आप को रिटायर होने का भय नहीं रहेगा। यह बात अलग है कि आप खुद रिटायर होने का फैसला करें।

□

नए साल को खुशहाल बनाना हमारे हाथ में है

हम कब, कैसे और कहाँ पैदा हों, इसका चुनाव नहीं कर सकते। हमारे माता-पिता कौन हों, यह चुनना भी हमारे बस में नहीं है। कब, कहाँ और कैसे मरें, यह भी हमारे हाथ में नहीं है। लेकिन हम एक चीज का चुनाव जरूर कर सकते हैं। वह यह कि हम कैसे रहें? और वे लोग जो अपने पसंदीदा तरीके से रहने-जीने का चुनाव करते हैं, वे जिंदगी में निश्चित तौर पर अपने लक्ष्य हासिल कर लेते हैं। आज एक ऐसी ही महिला की कहानी हम बता रहे हैं। उन्होंने जिंदगी को अपने तरीके से जिया। जैसे वह चाहती थीं, वैसे रहीं। जो चाहती थीं, वही किया।

महाराष्ट्र के बारामती जिले से सात किलोमीटर दूर एक जगह है पिंपली। यहाँ लता भगवान् कारे रहती हैं। खेतिहर मजदूर हैं। वे सिर्फ अपने लिए एक ही चीज नियमित रूप से करती हैं। वह यह कि रोज सुबह घूमने जाती हैं। एक चीज पर उन्हें सबसे ज्यादा यकीन है और वह है धीरज। इरादे की पक्की हैं। जिंदगी के मंच पर उन्होंने कई भूमिकाएँ निभाईं। बेटी, पत्नी, माँ, दादी, खेतिहर मजदूर। और एक दिन वे यह सब करते हुए दूसरों के लिए मिसाल बन गईं। लता को हाल में ही एक मैराथन दौड़ के मौके पर देखा गया। नौ गज की साड़ी और चप्पल पहने हुए। कई लोग वहाँ जुटे हुए थे। कोई अपने बच्चों का तो कोई नाती-पोतों का उत्साह बढ़ाने के लिए। कई बस यूँ ही बतौर दर्शक। लता को देख लोगों ने यही सोचा कि वे भी यहाँ ऐसे ही आई हैं। जो उन्हें जानते थे,

उन्होंने उनसे पूछा भी कि कैसे आईं? कोई खास मकसद? तो लता का जवाब था, 'नहीं, बस यूँ ही।' लेकिन थोड़ी ही देर बाद दर्शक और मैराथन के आयोजकों के अचरज का ठिकाना नहीं था। वे सब लता को मैराथन के प्रतिभागियों के बीच खड़ा देख भौंचक थे। पहली बार वे इस तरह के किसी आयोजन में हिस्सा ले रही थीं।

अभी दौड़ शुरू हुए कुछ मिनट ही हुए थे कि लता अपने साथ दौड़ रहे एथलीटों से काफी आगे निकल चुकी थीं। उनकी उम्र 61 साल के करीब लेकिन उसे भी वे जैसे पछाड़ रही थीं। पीछे छोड़ रही थीं। नौ गज की साड़ी ने अब भी उन्हें लपेटा हुआ था, लेकिन चप्पलें पैरों का साथ छोड़ चुकी थीं। नंगे पैर वे तेजी से फिनिश लाइन की तरफ बढ़ रही थीं। और जब दौड़ खत्म हुई तो लता विजेता के तौर पर सबके सामने थीं। उन्हें साल 2013 के सबसे तेज मैराथन धावक का खिताब भी दिया गया। लोग अब भी उन्हें अवाक् से देख रहे थे।

जिन खिलाड़ियों को लता ने दौड़ के शुरू में ही पीछे छोड़ा था, वे फिनिश लाइन तक उनसे कई मीटर पीछे रह गए। इनमें ऐसे कई खिलाड़ी थे, जो पहले कई बार मैराथन दौड़ में हिस्सा ले चुके थे। उन्होंने इस बार के लिए भी महीनों तैयारी की थी। हर तरह के साधन से संपन्न, लेकिन वे अंत तक लता से पार नहीं पा सके। उन्हें यकीन नहीं हो रहा था कि परंपरागत नौ गज की साड़ी नंगे पैर पहली बार दौड़नेवाली कोई बुजुर्ग महिला मैराथन में उन्हें हरा चुकी है। दौड़ से करीब एक सप्ताह पहले लता ने परिवार को अपने फैसले की जानकारी दी थी। उन्होंने बताया कि वे भी मैराथन में हिस्सा ले रही हैं। उनके बेटे ने विरोध किया, लेकिन उसे बाद में लता के इरादे के सामने हार माननी पड़ी। दौड़ की शुरुआत से लेकर अंत तक वे लगातार अपने आपसे एक ही बात कह रही थीं कि उन्हें जीतना है। और उन्होंने जीत हासिल कर दिखा भी दिया। इस उपलब्धि के बाद अब लता ने जीवन के लिए अगले लक्ष्य तय कर लिये हैं। उन्होंने फैसला किया है कि वे ऐसी जितनी भी प्रतिस्पर्धाओं में हो

सकेगा, हिस्सा लेंगी। उनके इरादे देखकर शायद ही किसी को शक हो कि वह ये लक्ष्य हासिल नहीं कर पाएँगी।

फंडा यह है कि किसी भी दिन या साल को खुशहाल बनाना हमारे हाथ में है। भगवान् ने हम सबको अलग-अलग बनाया है। हम सबके काम अलग हैं और किस्मत भी। लेकिन अगर आप के भीतर धीरज है। दृढ़ता है। आप लक्ष्य के प्रति गंभीर हैं। उन्हें हासिल करना चाहते हैं तो कोई उम्र, कोई नियम, कोई मुश्किल आपका रास्ता नहीं रोक सकती।

□

छाता बारिश नहीं रोकता, पर उसके नीचे हम पानी से बचते जरूर हैं

पहली कहानी—छब्बीस साल के बीएम लक्ष्मी प्रसाद एचपी कंपनी में प्रोग्रामिंग इंजीनियर के तौर पर काम कर रहे थे। उनका वेतन था 1.1 लाख रुपए महीना। नौकरी सुबह 9 बजे से रात 9 बजे तक की थी। एक दिन लक्ष्मी के दोस्त दीपक सिंह ने उन्हें घर पर बुलाया और अपने माता-पिता से मिलाया। पिता थे, पूर्व डीजी डॉ. अजय सिंह तथा माँ पूर्व मुख्य सचिव तारा अजय सिंह। उस रात पूरी पार्टी में प्रसाद अपने दोस्त के माता-पिता की हर समस्या को हल कर लेने के आत्मविश्वास को बेहद बारीकी से देखता रहा।

उसी रात उसने यह निर्णय लिया कि वह ब्यूरोक्रेट बनेगा और समाज की सेवा करेगा। हालाँकि उसे यह पता था कि जितना वेतन उसे मिल रहा है, उतना इस फैसले के बाद नहीं मिल सकेगा। प्रसाद ने यूपीएससी की परीक्षा की तैयारी शुरू कर दी। 12 घंटे की अपनी नौकरी के बावजूद उसने पूरी मेहनत से पढ़ाई की, परीक्षा दी और यूपीएससी के नतीजों में देश में 151वीं रैंक हासिल की। पहले एचपी कंपनी में रहे प्रसाद और अब ब्यूरोक्रेट बन रहे प्रसाद में सबसे बड़ा अंतर यही था कि पहले उसका वेतन 13.20 लाख रुपए सालाना था और अब वह महज चार लाख रुपए सालाना वेतन ही पा सकेगा।

दूसरी कहानी—शकुंतला बंजारा का जन्म घुमंतु समुदाय में हुआ था, जिसमें लड़कियों को स्कूल जाने की इजाजत नहीं होती। यही वजह है कि वह निरक्षर है। हालाँकि एक किसान की बेटी होने की वजह से वह खेती और मवेशियों के बारे में अच्छी समझ रखती थी। बीतते समय के साथ ही

तेजतर्रार शकुंतला को यह समझ आ गया कि निरक्षर रहने की वजह से वह बहुत कुछ खो चुकी है और वह यह कतई नहीं चाहती थी कि परिवार की अन्य महिलाओं के साथ ऐसा कुछ हो।

ऐसे में उसने खुद से यह वादा किया कि उसके परिवार की हर लड़की को सर्वश्रेष्ठ शिक्षा दिलाएगी। इसके बाद तो उसे न केवल समुदाय, बल्कि परिवार के वरिष्ठ सदस्यों से भी काफी विरोध झेलना पड़ा। लेकिन वह अपनी जिद पर अड़ी रही और न केवल अपनी बेटी मंजीता बंजारा को डिप्टी एसपी बनाया, बल्कि बहू सुधंबिका बंजारा को भी यूपीएससी परीक्षा पास करवाई। इंजीनियर सुधंबिका को यह मलाल जरूर रहा कि वह घरेलू कामों में अपनी सास की मदद नहीं कर पाई, लेकिन सास की योजना तो कुछ और ही थी। वह बहू को सिविल सेवाओं की परीक्षा की तैयारी के लिए प्रोत्साहित करती रहती थी। नतीजा सामने है। यूपीएससी में सुधंबिका ने 1061वीं रैंक हासिल की है।

तीसरी कहानी—सारिका जैन के दाहिने पैर में पोलियो है। जब सारिका महज दो साल की थी, तभी से उसकी माँ इस बात से बेहद दुःखी रहती थी कि उसने ऐसी बेटी पैदा की, जो विकलांग है। हालाँकि दोनों के ही मन में एक महत्त्वाकांक्षा थी कि पोलियोग्रस्त बेटी को कोई 'बेचारी' न कहे। ओडीशा के कांताबांजी क्षेत्र की इस 31 बरस की युवती ने न केवल पहली बार में ही यूपीएससी पास की, बल्कि 527वीं रैंक भी हासिल की। माँ-बेटी दोनों को पता है कि अब कोई उन्हें दयनीय दृष्टि से देखने की हिम्मत नहीं करेगा। अब उनकी ओर उठनेवाली हर निगाह में सम्मान होगा।

चौथी कहानी—दिव्या प्रभु कोयंबटूर की है। कृषि में बीएस.सी स्नातक। उसने अपनी आईएफएस की ट्रेनिंग देहरादून से ली है। उसने 2012 में कर्नाटक कैडर से असिस्टेंट कंजरवेटर की नौकरी शुरू की। लेकिन उसे पूरा भरोसा था कि वह आईएएस बन सकती है। पिछले दिनों वह माँ बननेवाली थी, और ऐसे में डॉक्टर यूपीएससी परीक्षा देने के लिए उसके गोवा जाने के फैसले के विरोध में थे। उन्होंने दिव्या को चेताया कि ऐसा करना बच्चे की जान को खतरे में डाल सकता है। पर दिव्या को पूरा भरोसा था कि ऐसा कुछ नहीं होगा। वह गोवा गई, परीक्षा के लिए कई घंटों तक बैठी भी रही। बाद में

इंटरव्यू के लिए वह नवजात शिशु को साथ लेकर दिल्ली भी गई। गुरुवार को आए यूपीएससी नतीजों में दिव्या ने 82वीं रैंक हासिल की।

फंडा यह है कि जिस तरह छाता बारिश को नहीं रोक सकता, पर उसके नीचे खड़े होकर हम खुद को बारिश से बचा जरूर सकते हैं, इसी तरह लगन और आत्मविश्वास न केवल हमें सफलता दिलाते हैं, बल्कि चुनौतियों से जूझने की ताकत भी प्रदान करते हैं।

□

अच्छा तालमेल बेजान दिल में भी साँसें फूँक सकता है

पहली लोकेशन—मुंबई की 21 साल की बीकॉम में पढ़नेवाली स्टूडेंट वोवी मीनोशेरशोमजी के दिल में सूजन थी। इसे मेडिकल की भाषा में डायलेटेड कार्डियोमियोपैथी कहते हैं। चार साल से वह इस बीमारी से पीड़ित थी। परिवारवालों ने तय किया कि अमेरिका में उसका हार्ट ट्रांसप्लांट कराया जाए, लेकिन डॉक्टरों ने मना कर दिया। क्योंकि अमेरिका में हार्ट ट्रांसप्लांट के लिए वेटिंग बहुत लंबी थी। दो हफ्ते पहले उसे चेन्नई के फोर्टिस अस्पताल में भरती कराया गया। साथ ही स्टेट ऑर्गन ट्रांसप्लांट रजिस्ट्री में हार्ट ट्रांसप्लांट के लिए उसका नामांकन भी करा दिया गया।

दूसरी लोकेशन—एक महीने पहले चेन्नई के जनरल हॉस्पिटल में एक 27 साल के व्यक्ति को भरती कराया गया था। उसका रोड एक्सीडेंट हुआ था। डॉक्टरों ने काफी कोशिश के बाद भी जब उसमें कोई रिकवरी नहीं देखी तो उसे ब्रेन-डेड घोषित कर दिया। उसके परिजनों ने 15 जून की रात में तय किया कि उसका वेंटिलेटर हटा लिया जाए। साथ ही उसके लिवर, किडनी और हार्ट दान करने का भी फैसला किया।

पहली लोकेशन—चेन्नई के फोर्टिस अस्पताल में 16 जून की सुबह 5.45 बजे जनरल अस्पताल से फोन आया कि एक ब्रेन-डेड मरीज का वेंटिलेटर हटाया जा रहा है। उसके अंग दान किए जा रहे हैं। फोर्टिस में भरती मरीजों में वोवी किस्मतवाली निकली, क्योंकि उसका ब्लड ग्रुप और शरीर का वजन ब्रेन-डेड मरीज से मेल खा जाता है। ऐसे में उसे उस मरीज का हार्ट ट्रांसप्लांट किए जाने का रास्ता साफ हो जाता है।

दूसरी लोकेशन—जनरल हॉस्पिटल में शाम पाँच बजे ब्रेन-डेड मरीज का हार्ट निकाले जाने की कवायद चल रही है। धड़कते दिल को उसी हालत में निकालने में करीब 90 मिनट लगते हैं। इस काम में कामयाबी मिलते ही यहाँ के और फोर्टिस अस्पताल के डॉक्टरों की टीम के चेहरे पर मुसकराहट तैर जाती है। अब इस दिल को सिर्फ चार डिग्री सेल्सियस तापमानवाले एक खास किस्म जार में रखकर फोर्टिस अस्पताल भेजा जाना है। सब काम खत्म होते ही जनरल हॉस्पिटल ब्रेन-डेड मरीज को पूरी तरह मृत घोषित कर देता है।

तीसरी लोकेशन—जनरल हॉस्पिटल में शाम 5.45 से एक खास एंबुलेंस तैयार खड़ी है। उसे यहाँ से फोर्टिस अस्पताल तक 12 किलोमीटर का रास्ता 12 ट्रैफिक सिग्नल पार करके तय करना है। इनसे बेखटके एंबुलेंस निकल जाए, यह सुनिश्चित करने के लिए सभी सिग्नलों पर ट्रैफिक पुलिस के 26 ट्रेंड जवान चार घंटे से तैनात हैं। सबसे आगे एक सब-इंस्पेक्टर बाइक पर चलेगा।

चौथी लोकेशन—शाम 6.44 पर फोर्टिस के डॉक्टरों की टीम विशेष जार में धड़कता दिल लेकर एंबुलेंस में सवार होती है। और पूरा काफिला दनदनाता हुआ जनरल हॉस्पिटल से निकल जाता है। एंबुलेंस के आगे-पीछे चल रहे और ट्रैफिक सिग्नलों पर तैनात पुलिस के जवानों के वायरलेस सेट सक्रिय हो जाते हैं। व्यस्त ट्रैफिक में शहर के बीच से यह काफिला फोर्टिस अस्पताल की ओर करीब 100 किलोमीटर प्रतिघंटा की रफ्तार से दौड़ रहा है।

और अंत में—महज 13 मिनट 22 सेकेंड के भीतर यह काफिला शाम करीब 6.57 बजे फोर्टिस अस्पताल में दाखिल होता है। यहाँ ऑपरेशन थिएटर में पूरी तैयारियाँ हो चुकी हैं। वोवी को लाया जा चुका है। डॉक्टरों की टीम दिल लेकर सीधे थिएटर में घुस जाती है और लगभग साढ़े तीन घंटे की मशक्कत के बाद उसे वोवी के शरीर में ट्रांसप्लांट कर दिया जाता है। ऑपरेशन सफल रहता है। बेजान शरीर का दिल अब एक जिंदा इनसान में धड़क रहा है।

फंडा यह है कि अगर काम करनेवालों के बीच तालमेल अच्छा हो तो बेजान दिल में भी साँसें फूँकी जा सकती हैं। ठीक वैसे ही चेन्नई के लोगों ने इसे कर दिखाया है।

□

शिक्षा का सही मतलब समझें

विजयलक्ष्मी स्टीफन के पास दर्जन भर से ज्यादा डिग्रियाँ हैं। वे एक ट्रेंड क्लासिकल डांसर हैं। वीणा बजाती हैं। कई अवॉर्ड जीत चुकी हैं। इनमें तमिलनाडु सरकार की ओर से दिया जानेवाला सर्वश्रेष्ठ उद्यमी का अवॉर्ड भी शामिल है। उन्हें 2014 के लिए इंटरनेशनल सॉफ्टवेयर कंसल्टेंट एसोसिएशन ने वूमन ऑफ ईयर के तौर पर सम्मानित किया है। वे अब तक 43 किताबें लिख चुकी हैं। 69 सॉफ्टवेयर उन्होंने डेवलप किए हैं। ये सब रजिस्टर्ड हैं। वे माइक्रोसॉफ्ट प्रोग्राम की एशिया क्षेत्र की संयोजक भी हैं। सिर्फ शिक्षा नहीं, वे व्यवहार से भी बेहद शालीन हैं। करीब तीन दशक पहले उनके पति टी. स्टीफन डी. राज ने मदुरै में विजयलक्ष्मी कंप्यूटर्स के नाम से एक कंपनी शुरू की। छोटे स्तर पर कंपनी शुरू की गई थी। कोई सपोर्ट नहीं था। लिहाजा, बैंक से लोन माँगने गए तो उनसे पुख्ता गारंटी माँगी गई। मसलन, अचल संपत्ति वगैरह। उस पर भी वे यह समझने को राजी ही नहीं थे कि सॉफ्टवेयर डेवलपमेंट भी कोई प्रोडक्ट हो सकता है।

बहरहाल, जैसे-तैसे कंपनी शुरू हुई। वित्तीय संघर्ष से मुक्त भी नहीं हो पाए थे कि विजयलक्ष्मी के पति का निधन हो गया। उन पर दो छोटे-छोटे बेटों के साथ कंपनी की जिम्मेदारी भी आन पड़ी। उन्होंने हार नहीं मानी। दो दशक पहले विजयलक्ष्मी ने नई कंपनी शुरू की, विजयलक्ष्मी हाइटेक सॉल्यूशंस (वीएचएस)। कंपनी का फोकस एरिया रखा, ग्रामीण इलाकों के बच्चों से जुड़े मसले। इसी दौरान विजयलक्ष्मी ने इंडियन इंस्टीट्यूट ऑफ साइंस से पोस्टग्रेजुएशन की डिग्री भी हासिल कर ली। इसके बाद उन्हें एक मल्टीनेशनल कंपनी में ह्यूमन रिसोर्स प्रोफेशनल के तौर पर काम करने का मौका मिला।

उन्होंने देखा कि कई स्टूडेंट्स हैं तो बहुत होशियार, लेकिन उनके पास इंटरव्यू पास करने का कौशल नहीं है। हालाँकि वे इससे पहले के सभी स्क्रीनिंग टेस्ट आदि आसानी से पास कर लेते थे। लेकिन इंटरव्यू के दौरान आत्मविश्वास खो देते थे। इस स्थिति ने उन्हें सॉफ्टवेयर डेवलपमेंट के विभिन्न पहलू समझने के मकसद से एक कोर्स डिजाइन करने के लिए प्रेरित किया। महज 10 दिन का यह कोर्स और 120 घंटे की पढ़ाई।

इसके बाद विजयलक्ष्मी की कंपनी ने वर्कशॉप आयोजित करनी शुरू की। उनके द्वारा डेवलप कोर्स को माइक्रोसॉफ्ट ने इस वर्कशॉप के लिए सर्टिफाइड किया। अपनी वर्कशॉप में उन्होंने ग्रामीण इलाकों के इंजीनियरिंग कॉलेजों पर फोकस किया। इन कॉलेजों के जो बच्चे वर्कशॉप अटेंड करने आते, उन्हें एक लक्ष्य दिया जाता। उनसे अपेक्षा की गई कि वे वर्कशॉप खत्म होने तक कम-से-कम एक सॉफ्टवेयर जरूर डेवलप करें। उन बच्चों के साथ काम करते हुए उन्हें पता चला कि अधिकांश बच्चे सरकारी नौकरी की इच्छा रखते हैं। इससे विजयलक्ष्मी को इन्फॉरमेशन टेक्नोलॉजी इंस्टीट्यूट शुरू करने की प्रेरणा मिली। इसमें बच्चों के लिए सेंट्रल गवर्नमेंट के सर्टिफाइड प्रोग्राम शुरू किए गए। उन्होंने तीन महीने का डेटा एंट्री ऑपरेटर कोर्स भी शुरू किया। तीन महीने का कोर्स तमिलनाडु सरकार के रोजगार एवं प्रशिक्षण विभाग से सर्टिफाइड है। छह महीने का कंप्यूटर फैकल्टी ट्रेनिंग कोर्स भी उन्होंने शुरू किया है। इसे पूरा करते ही बच्चों को सरकारी स्कूलों में कंप्यूटर टीचर की नौकरी मिल जाती है। आज विजयलक्ष्मी के करीब 3,000 स्टूडेंट भारतीय और बहुराष्ट्रीय संगठनों में हैं।

कस्टम, एक्साइज और बैंकों के अलावा खाड़ी के देशों में भी विजयलक्ष्मी के स्टूडेंट काम कर रहे हैं। वे फ्री ट्रेनिंग प्रोग्राम भी चलाती हैं। विजयलक्ष्मी के संस्थानों में उनके पुराने स्टूडेंट अकसर आते रहते हैं। वे यहाँ मुफ्त में नए स्टूडेंट्स को ट्रेनिंग देते हैं। विजयलक्ष्मी ने एक ट्रस्ट भी शुरू किया है। इसका नाम है, सोसाइटी फॉर एजुकेशन एनहांसमेंट ऐंड डेवलपमेंट (सीड)। यह ट्रस्ट जरूरतमंदों को फ्री काउंसलिंग, कोई उद्योग शुरू करने के लिए गाइडेंस, टेक्निकल ट्रेनिंग देता है। आज विजयलक्ष्मी की कंपनी में 392 कर्मचारी हैं। इनमें से 212 महिलाएँ हैं। वे महिलाएँ, जो शराबी पतियों से पीड़ित हैं, उनके प्रति विजयलक्ष्मी के दिल में खास जगह है। वे ऐसी महिला और उनके बच्चों

को भी खास तौर पर सपोर्ट करती हैं। आज वे दावा करती हैं कि उन्हें सिर्फ 10 दिन दीजिए। वे किसी भी पढ़े-लिखे ग्रामीण बच्चे को इस लायक बना देंगी कि वह किसी सॉफ्टवेयर कंपनी में काम कर सके। वे गाँव के बच्चों को बड़े शहरों के बच्चों की बराबरी पर लाने का लक्ष्य लेकर चल रही हैं।

फंडा यह है कि किसी के लिए शिक्षा का मतलब होता है कि नौकरी हासिल करना। लेकिन कोई उसे दूसरों की मदद का जरिया बना सकता है। बस, शिक्षा का सही मतलब समझने की जरूरत है।

□

दूसरों से आगे रहना है तो, जो आप नहीं जानते, उसे जितनी जल्दी हो, जान लीजिए

पहली कहानी—हो सकता है, किसी ने नासा स्पेस सैटलमेंट कॉन्टेस्ट का नाम सुना हो। या फिर यूनाइटेड नेशंस पॉलिटिकल कार्टून्स अवॉर्ड्स के बारे में। लेकिन हमारे देश के 15 से 22 साल के बच्चे इन वर्ल्ड फेमस कॉन्टेस्ट में हिस्सा तो यकीनन नहीं ले पाते। लिहाजा अमेरिकी भारतवंशी शरद विवेक सागर ने एक वेबसाइट शुरू की। इस वेबसाइट पर लॉग-इन करने के बाद कोई भी स्टूडेंट दुनिया भर के कॉन्टेस्ट के बारे में जान सकता है। इस पर ऐसी जाने कितनी प्रतिस्पर्धाओं की जानकारी दर्ज है।

ऊपर जिन दो प्रतिस्पर्धाओं का जिक्र है, उनके बारे में भी इस साइट पर जानकारी उपलब्ध है। साथ ही माइक्रोसॉफ्ट स्टूडेंट इंडिया पार्टनर प्रोग्राम, कार्मल आर्ट कॉन्टेस्ट और मैनचेस्टर फिक्शन प्राइज के बारे में भी। इसके अलावा और भी ऐसी कई प्रतिस्पर्धाओं के बारे में इस साइट से जानकारी हासिल की जा सकती है। कोई सवाल कर सकता है कि इस जानकारी को हासिल करने से क्या लाभ, तो मामला जीत-हार का नहीं है। इनमें हिस्सा लेने भर से ही दिमाग की खिड़कियाँ खुल जाती हैं। और बायोडाटा समृद्ध होता है, सो अलग।

दूसरी कहानी—के जी सुरेश मुंबई में कभी मकान नहीं खरीद सके। वे जैसे-तैसे कुछ पैसे जमा करते। और फिर जब बिल्डर के पास मकान का भावताव करने जाते तो कीमतें उनकी हैसियत से बाहर निकल चुकी होतीं। उनकी बचत मकान खरीदने के लिहाज से कम पड़ जाती। दो बार उनके साथ

ऐसा हो चुका है। इसके बाद उन्होंने एक समझदारी का काम किया। मकान की बजाय उन्होंने होर्डिंग्स और बिलबोर्ड वगैरह खरीदना शुरू कर दिया। घरवालों ने पहले तो उनका मजाक उड़ाया। लेकिन बाद में उन्हें भी लगा कि यह फायदे का बिजनेस है।

होर्डिंग्स आम तौर या तो सरकार टेंडर के जरिए बेचती है। या फिर निजी तौर पर बेचे जाते हैं। लेकिन दोनों ही स्थितियों में इनकी कीमत 10 लाख रुपए से कम ही होती है। हालाँकि कीमतें लोकेशन के हिसाब से कम-ज्यादा होती रहती हैं। लेकिन इनका फायदा बहुत है। इनसे विज्ञापनों के जरिए महीने में अच्छी-खासी कमाई हो जाती है। सुरेश को भी हुई। बीते लोकसभा चुनाव में तो उन्हें बढ़िया मुनाफा हो गया। इतना कि उनका बरसों पुराना सपना अब पूरा होने को है। अब वे मुंबई में मकान खरीदने को तैयार हैं। वह भी बिना ज्यादा कर्ज लिये।

तीसरी कहानी—राधिकाराव केक बनाती हैं। उन्हें बेचती भी हैं। लेकिन उनके पास दुकान नहीं है। इसे खरीदने लायक पैसे ही नहीं हैं। इसलिए उन्होंने फोटो शेयरिंग सोशल साइट इंस्टाग्राम पर अकाउंट बनाया। और अपने बनाए अलग-अलग फ्लेवर के केक की तसवीरें उस पर डालनी शुरू कर दीं। वाट्सएप से भी मदद ली। इससे तुरंत फायदा मिला। उन्हें अपने शहर मेंगलोर से ही नहीं, दूर-दराज से भी ऑर्डर मिलने लगे। विदेशों से भी। ऑर्डर देनेवाले हैं—रिश्तेदार, उनके परिचित और उनके भी परिचित। अब उनका बिजनेस बढ़िया चल रहा है।

चौथी कहानी—हैदराबाद में आठ महीने पहले हैचस्टेशन शुरू किया गया। खासकर आईटी इंडस्ट्री में काम करनेवालों को ध्यान में रखकर यह शुरुआत की गई। यह कोई बड़ी तामझामवाली जगह नहीं है। लेकिन सुविधाएँ काफी हैं। कॉन्फ्रेंस रूम, इंटरनेट कनेक्टिविटी, मीटिंग रूम आदि सभी चीजें। खाने-पीने लॉकर की भी सुविधा है। प्राइवेट केबिन भी हैं, जहाँ इंटरव्यू, गोपनीय मीटिंग आदि की जा सकती हैं। हैचस्टेशन के मालिक यहाँ आनेवालों को मोबाइल, प्रिंटर, स्कैनर और ऑफिस के अन्य साजो-सामान भी उपलब्ध कराते हैं।

इस कंसेप्ट को 'रेंट डेस्क' कहा जाता है। हैदराबाद के जुबली हिल्स इलाके में आजकल ऐसे दर्जनों आउटलेट्स नजर जाएँगे। यहाँ आकर काम

करनेवालों को महीने में साढ़े तीन से पाँच हजार रुपए तक खर्च करने होते हैं। जबकि आउटलेट मालिक को अच्छी-खासी कमाई हो जाती है।...आजकल आईटी जैसे क्षेत्रों में हालत यह है कि काम कभी खत्म नहीं होता। यानी आप हर वक्त काम पर होते हैं। घर से भी काम करना पड़ता है। ऐसे में रेंट डेस्क कंसेप्ट हर किसी के लिए फायदेमंद है।

फंडा यह है कि अगर आप अपने प्रतिस्पर्धी से आगे निकलना चाहते हैं तो आपको वे सब चीजें जाननी होंगी, जो आप नहीं जानते। और वह भी बाकियों के मुकाबले जल्दी-से-जल्दी। बिजनेस के किसी नए कंसेप्ट में कदम रखनेवाले अगर आप शुरुआती लोगों में से हैं तो आपका फायदा पक्का है।

□

बच्चों के सैटल हो जाने के बाद भी जिंदगी रिटायर नहीं होती

निर्मला राधाकृष्णन कोयंबटूर (तमिलनाडु) से हैं। उम्र 50 साल हो चुकी है। बीते 30 साल उन्होंने पति और बेटी के लिए ही लगा दिए। कभी बेटी के कॅरियर की चिंता तो कभी पति को चिंतामुक्त करने की मशक्कत। लेकिन अचानक निर्मला की जिंदगी में काफी कुछ ठहर सा गया। जिस बेटी के इर्द-गिर्द उनका वक्त बीतता था, वह शादी के बाद विदेश में सैटल हो गई। इधर घर में पति ज्यादा डिमांडिंग थे नहीं, इसलिए निर्मला को खालीपन सालने लगा। अब उनके पास अपने लिए कुछ करने का खूब वक्त था। ऐसे ही एक रोज वे दोस्तों से बात कर रही थीं। इनमें से कुछ फाइव स्टार होटलों में शेफ थे। वे जानते थे कि निर्मला खाना बहुत अच्छा बनाती हैं। उन्होंने उन्हें प्रोत्साहित किया कि वे कुछ नया करें। उन्हें दोस्तों का यह आइडिया काफी पसंद आया।

निर्मला ने एक छोटे से कैफे-कम-बेकरी 'मेक माई केक्स' की शुरुआत की। छोटी सी जगह, जिसमें काँच की कैबिनेट में तरह-तरह की ब्रेड, ब्राउनीज, पेस्ट्री आदि करीने से सजाई गई हैं। सुसज्जित दो किचन भी यहाँ हैं। साथ में पेशेवर शेफ्स की टीम भी। यह टीम निर्मला से मिले इनपुट के आधार पर नई-नई डिश तैयार करती है। सैंडविच, काठी रोल्स, बर्गर्स, कई किस्म के डोनट्स, पाईज, पुडिंग आदि हमेशा उपलब्ध रहते हैं और कीमतें भी बेहद कम। किसी आइटम की कम-से-कम कीमत 15 रुपए और अधिकतम 100 रुपए। निर्मला विभिन्न अवसरों के लिए केक आदि के ऑर्डर भी लेती हैं। अगर कोई ग्राहक जल्दी में हैं तो भी उसको 10 मिनट के भीतर केक सर्व कर दिया जाता है। निर्मला और उनका स्टाफ

आइसक्रीम केक बनाने में खास महारत रखता है। यही नहीं, उनके आउटलेट को ताजा प्रोडक्ट उपलब्ध कराने के लिए भी खासतौर पर जाना जाता है।

निर्मला की तरह जसमीत कौर भी कोयंबटूर में रहती हैं। वे 48 साल की हैं। हालाँकि उनके माता-पिता पहले मुंबई में रहते थे। वहीं जसमीत ने निर्मला निकेतन से होम साइंस में डिग्री ली। शुरू से ही वे अपनी माँ को तरह-तरह के पकवान बनाते हुए देखती रहीं, खासकर डेजर्ट (पेस्ट्री, बेकरी के आइटम्स, आइसक्रीम आदि)। स्वाभाविक तौर पर इससे उनकी भी इस तरफ रुचि हो गई। उन्हें इस बात का एहसास हुआ कि भोजन के अंत में अगर अच्छा डेजर्ट परोसा जाए तो सामान्य खाना भी लोगों को पसंद आएगा। क्योंकि अंत अच्छा रहता है। वे हमेशा से यह भी इच्छा रखती थीं कि कभी-न-कभी रुचि के इस क्षेत्र में पेशेवर तौर पर हाथ आजमाया जाए। लिहाजा, उम्र के इस पड़ाव पर जब उन्हें वक्त मिला तो उन्होंने आउटलेट खोलने का फैसला किया। घरवालों व दोस्तों से प्रोत्साहन मिला। उन्होंने कोयंबटूर के आरएसपुरम कॉलोनी में क्रजस्सीज डिलाइटज्र्ज के नाम से आउटलेट खोल दिया। इस आउटलेट की खासियत है—ठंडे और बेक किए गए डेजर्ट। जसमीत ताजा मौसमी फलों का इस्तेमाल करके कई आइटम्स तैयार करती हैं। उनका यह प्रयोग महिलाओं के बीच काफी हिट रहा।

खासकर इसलिए आजकल महिलाएँ काफी हैल्थ कॉन्शस हो गई हैं। युवाओं के बीच चॉकलेटवाले आइटम्स काफी लोकप्रिय हैं। उनके यहाँ तैयार किए जानेवाले पीच मेलबा और मैंगो चीज केक की भी काफी डिमांड रहती है। यहाँ मिलनेवाले आइटम्स की कीमत 250 रुपए या उससे ज्यादा होती है।...ये दोनों केस स्टडी एक ही बात साबित करती हैं कि जब आपके घर के घोंसले से बच्चे रूपी पंछी दूर चले जाएँ तो आप उससे पैदा हुए खालीपन को भर सकते हैं। अपनी रुचि का कोई काम करते हुए।

फंडा यह है कि बच्चों के सैटल हो जाने का मतलब यह नहीं है कि अब आप ओल्ड एज होम जानेवाले हैं; क्योंकि जिंदगी कभी रिटायर नहीं होती। आप उस पड़ाव पर भी नया कॅरियर शुरू कर सकते हैं।

□

सफलता का हिस्सा होती है, कठोर परिश्रम की सराहना

कठिन परिश्रम से हमेशा सफलता मिले, यह जरूरी नहीं होता है। लेकिन इसका मतलब यह नहीं होता कि हम कठिन मेहनत को प्रोत्साहित ही न करें। असफल होने के अनेक कारण हो सकते हैं, लेकिन कोई व्यक्ति या सहयोगी अगर वास्तव में कठिन परिश्रम करता है तो नेता के लिए यह महत्त्वपूर्ण होता है कि वह खुद या सार्वजनिक रूप से इसे स्वीकार करे। मनोनीत प्रधानमंत्री नरेंद्र मोदी पिछले मंगलवार को जब संसद् के सेंट्रल हॉल में एक महिला की प्रशंसा कर रहे थे, तब उन्होंने ऐसा ही सोचा होगा। उन्होंने महिला की ओर देखकर कहा, इन्होंने क्या काम किया है। वे किसी पार्टी की नेता भी नहीं थीं। दरअसल, वे 2005 में गठित देसिया मुरपोक्कु द्रविड़ कजघम (डीएमडीके) की अघोषित नेता हैं।

अब यह पार्टी भाजपा की सहयोगी पार्टी है। तमिलनाडु के फिल्म अभिनेता विजयकांत इस पार्टी के नेता हैं। विजयकांत की पत्नी प्रेमलता और उनके भाई एलके सुधीश पार्टी के अघोषित नेता हैं, जिन्होंने तमिलनाडु की 39 लोकसभा सीटों पर चुनाव प्रचार किया। लेकिन पार्टी ने चुनाव लड़ा केवल 14 सीटों पर। विजयकांत की तमिलनाडु में 'कैप्टन' के रूप में पहचान है। क्योंकि उन्होंने अनेक फिल्मों में पुलिस और सेना के अधिकारी की भूमिका अदा की है। ज्यादातर फिल्मों में उनका नाम विजय ही होता है और उनकी तुलना अमिताभ बच्चन से होती है। उनकी पार्टी अब तक चार चुनाव लड़ चुकी है। उनकी पत्नी प्रेमलता प्रमुख चुनाव प्रचारक रहीं। उनके भाषणों को लोग आसानी से समझ लेते हैं।

प्रेमलता ने सबसे पहले भाजपा से जुड़ने का संकेत दिया था। इस पार्टी

ने मई 2006 के विधानसभा चुनाव में 234 सीटों पर चुनाव लड़ा था, लेकिन विजयकांत की सीट को छोड़कर उसे सभी सीटों पर हार का सामना करना पड़ा। लेकिन 2011 के विधानसभा चुनाव में पार्टी को 29 सीटें मिलीं और विजयकांत विपक्ष के नेता बने। 2014 के लोकसभा चुनाव में डीएमडीके ने 14 सीटों पर प्रत्याशी उतारे थे। इनमें सेलम से चुनाव लड़ रहे प्रेमलता के भाई सुधीश समेत एक भी प्रत्याशी चुनाव में जीत नहीं हासिल कर पाया। यहाँ तक कि कोई भी प्रत्याशी दूसरे नंबर तक पर नहीं रहा। यह आश्चर्यजनक है कि मोदी सरीखे बेहद व्यस्त व्यक्ति को, जिन्होंने पूरे देश में चुनाव प्रचार किया, एक ऐसी पार्टी के बारे में बेहद बारीक जानकारी थी, जिसे कोई भी सफलता नहीं मिली। मोदी ने एनडीए की बैठक में न केवल प्रेमलता की तारीफों के पुल बाँधे, बल्कि उनके पति विजयकांत की भी खुलकर तारीफ की। उनके इस व्यवहार की सभी ने प्रशंसा की।

प्रेमलता को अन्नी (बड़ी बहन) के रूप में पहचाना जाता है। उन्होंने पूरे तमिलनाडु में चुनाव प्रचार के दौरान लोगों से वादा किया था कि मोदी सरकार भ्रष्टाचार मुक्त सरकार देगी और तमिलनाडु की वर्षों से लटकी हुई पानी और बिजली की समस्या का निराकरण कराएगी। भाजपा ने यहाँ केवल कन्याकुमारी की एक सीट जीती है। इस पर भाजपा प्रदेश अध्यक्ष पोन राधाकृष्णन ने चुनाव लड़ा था। यहाँ भी भाजपा के समर्थन में प्रेमलता ने प्रचार किया था। लोगों को लुभाने के लिए प्रेमलता ने मोदी सरकार का आइडिया सामने रखा। उन्होंने हर किसी के दिल में मोदी सरकार का बीज बोया। यह महत्त्वपूर्ण काम था। यह बीज भविष्य में उगेगा या नहीं, यह महत्त्वपूर्ण नहीं है। अहम है—ऐसे बीज को बोया जाना है।

फंडा यह है कि हमें किसी के कठिन परिश्रम की सराहना करने का प्रयास उसी तरह करना चाहिए, जिस तरह हम सफलता का करते हैं। इससे सफलता के हमारे साथ लंबे समय तक बने रहने के अवसर बढ़ जाते हैं, क्योंकि कठिन परिश्रम करनेवाले और अधिक कठिन परिश्रम करने को तैयार रहते हैं।

□

लोगों से जुड़ना है तो उनका मूड भाँप लें

पहली बार देश ने इतनी ज्यादा वोटिंग की है। केंद्र में सरकार चुनने के लिए इस बार 66.38 फीसदी लोगों ने वोट डाले हैं। दो महीने तक चुनाव प्रचार चला। अब तक सबसे लंबा प्रचार अभियान। विज्ञापन बनानेवाले इंटेलीजेंट लोगों ने ऐसे-ऐसे नारे गढ़े, जो हमारे दिलो-दिमाग में अब तक गूँज रहे हैं। आखिरी चरण की वोटिंग 12 मई को खत्म हो गई। लेकिन आज भी जब टीवी खोलें तो एक नारा बार-बार सुनाई देता है, अबकी बार··· । सवाल यह है कि चुनाव खत्म होने के बाद भी प्रचार का सिलसिला क्यों जारी है?

इसका जवाब आपको मिले या नहीं, लेकिन उन लोगों को तारीफ करनी होगी, जिन्होंने ये विज्ञापन बनाए। जिन्होंने ऐसी लाइनें रचीं कि टीवी पर वे बाकी सभी विज्ञापनों पर भारी पड़ गईं। चुनावी माहौल में कई कंपनियों के विज्ञापन भी सुर-में-सुर मिलाते नजर आए। मसलन—हैवेल्स पंखों का विज्ञापन। इसकी टैगलाइन है, 'हवा बदलेगी'। इसके जरिए दोतरफा संदेश दिया जा रहा है। पहला, ड्राइंग रूम में इन पंखों के कारण होनेवाली तब्दीली और दूसरा, केंद्र की सरकार में बदलाव की बयार का।

कहने का मतलब विज्ञापनों के जरिए सामाजिक संदेश भी दिए जा सकते हैं। उदाहरण के लिए हैवेल्स के विज्ञापन में छिपे संदेश को ले लें। इसका संकेत साफ है, 'हवा बदलने के बाद नौकरशाहों और मंत्रियों को भी बदलना होगा।' इसमें कोई संदेह नहीं कि विज्ञापनों का मुख्य मकसद संबंधित उत्पाद लोगों के दिलोदिमाग में बिठाना है। लेकिन इन विज्ञापनों को बनानेवाली क्रिएटिव टीम कुछ और चीजों पर भी ध्यान रखती है। जैसे कि विज्ञापन आम आदमी की उम्मीदों पर खरा उतरे। और वह लोगों को ज्यादा-से-ज्यादा वक्त तक याद

रहे। इस संदर्भ में हीरो मोटोकॉर्प्स के विज्ञापन का भी जिक्र किया जा सकता है। हीरो डीलक्स इको के इस विज्ञापन की टैगलाइन है, 'चलो, इस बार टैलेंट को सपोर्ट करते हैं'।

साफ तौर पर इस विज्ञापन में चुनाव को सबसे बड़ा टैलेंट शो बताते हुए लोगों को संदेश दिया गया कि अच्छे-प्रतिभाशाली लोगों को चुनें। ऐसे ही आरआर काबेल्स का विज्ञापन। इसकी टैगलाइन, 'वायर तो सही चुना..., सरकार भी सही चुनना'। आइडिया का विज्ञापन शुरू-शुरू में राजनेताओं को सामान्य प्रकृति की तरफ ध्यान दिला रहा था। इसकी टैगलाइन कहती है, 'नो उल्लू बनाविंग'। मतलब साफ कि जनता के साथ छल न करें। हालाँकि बाद में इस विज्ञापन ने दूसरे मुद्दों को भी छुआ। ये चंद वे मुद्दे हैं, जिनका हम-आप अकसर सामना करते हैं।

और इन पर हमें जागरूक रहने का संदेश इस विज्ञापन के जरिए दिया जा रहा है। इसी लाइन में बर्जर इजी क्लीन पेंट के विज्ञापन का जिक्र भी किया जा सकता है। इस विज्ञापन की टैगलाइन कहती है, 'देश के दाग हटें या न हटें, बर्जर इजी क्लीन से हर दाग आसानी से हटेंगे'। यहाँ इन सब विज्ञापनों के मद्देनजर एक और बात मार्के की है। विज्ञापन बनानेवाले क्रिएटिव लोगों की खासियत इसी में छिपी होती है। वे जनता के मूड को कितनी हद तक भाँप पाते हैं और फिर अपने विज्ञापन को कितने लंबे समय लोगों को याद रखवा पाते हैं।

फंडा यह है कि लोगों से जुड़ने का सबसे बेहतर तरीका है, हवा का रुख पकड़ना। यह समझना कि बहुतायत लोग कब, क्या पसंद कर रहे हैं या करेंगे।

□

अगर आप इनसान पैदा हुए हैं तो संबंधों का ध्यान रखिए

समीर पिछले 16 महीनों से देहरादून स्थित इंडियन फॉरेस्ट सर्विस का छात्र है। पिछले हफ्ते वह मुंबई स्थित टाटा इंस्टीट्यूट ऑफ सोशल साइंस आया था। वहाँ एक हफ्ते का ट्रेनिंग प्रोग्राम था। यहीं मेरी उससे मुलाकात हुई। मैंने देखा, वह लंच के दौरान आईपैड पर गर्लफ्रेंड को मनाने के लिए रेड स्टैंप नामक एप का उपयोग कर रहा है। क्योंकि वह अपनी व्यस्तता के कारण उसे फोन करना भूल गया था। उसने मेरी तरफ देखते हुए कहा कि मैं व्यस्त था। कॉल नहीं कर पाया तो वह नाराज हो गई। इससे मुझे माफी तो नहीं मिलेगी।

लेकिन इससे उसकी नाराजगी थोड़ी कम हो जाएगी। रेड स्टैंप ऐसा एप है, जो एक कार्ड तैयार करता है और उसे फेसबुक, इ-मेल, ट्वीट या मैसेज के जरिए किसी को भेज सकता है। इससे आप ईको-फ्रेंडली कार्ड या लग्जरी कार्ड प्रिंट भी करवा सकते हैं। उसे अपने चाहनेवाले को डाक से भेज सकते हैं। ये जन्मदिन, वर्षगाँठ या सरप्राइज देने के लिए बेहतरीन है। इसके बाद उसने एक फीचर दिखाया—हैंडरिटेन। यह एप आज की टेक्नोलॉजी और आपके हस्तलिखित शब्दों को समावेश करता है।

हैंडरिटेन आईपैड यूजर के लिए बनाया गया है। इसके लिए आप स्टाइलस का उपयोग कर सकते हैं। फिर समीर के दो दोस्त भी साथ आ गए। उन्होंने एक एप दिखाया—कपल। इससे आप सोशल मीडिया को पर्सनलाइज कर सकते हैं। इसके जरिए दो लोग निजी तरीके से फोटो, वीडियो, वॉयस नोट्स, स्केच व स्टीकर शेयर कर सकते हैं। इसमें कैलेंडर भी है, जो आपको सभी

जरूरी दिन याद दिलाएगा। इसका एक और बेहतरीन फीचर है—थंबकिस। इस पर टच करने से दोनों तरफ के फोन वाइब्रेट होने लगते हैं। जो अपरोक्ष रूप से यह संदेश देते हैं कि मैं तुम्हारे बारे में सोच रहा हूँ, मैं तुमसे प्यार करता हूँ या तुम्हारी बहुत याद आ रही है।

ज्यादा वाइब्रेशन मतलब प्रेम की अधिक भावना। आधुनिक पीढ़ी इस तरह से अपने प्रेमी को संदेश भेजने की प्रकिया को एलडीआर कहती है। रिलेशनशिप लवर्स काउंटर ऐसा एप है, जो आपको कभी भी महत्त्वपूर्ण तारीख भूलने नहीं देगा। यह आपको हर महीने की जरूरी तारीख के बारे में सूचना देगी। इसमें लव मीटर भी है, जो आपके संबंधों को 10 के स्केल तक मापता है। अगर आप अपने प्रेम को सोशल मीडिया पर अच्छे से शेयर करते हैं तो यह आपको उससे भी कनेक्ट रखता है। वहाँ भी लव मीटर आपके साथ रहेगा। वॉक्सर एक पारंपरिक टेक्सटिंग प्लेटफॉर्म है। हाँ इसका उपयोग आप वॉकी-टॉकी की तरह भी कर सकते हैं। आपका संदेश सामनेवाला अपने पास सेव रख सकता है और जितनी बार चाहे, उतनी बार सुन सकता है। याद रखिए...मानवजाति के बीच संबंधों का मूल्य खत्म हो रहा है और टेक्नोलॉजी यही याद दिला रही है।

फंडा यह है कि अगर आप मानव जाति में पैदा हुए हैं तो किसी के साथ आपके संबंध शक्ति का केंद्र होते हैं। हम इस गंभीर मुद्‌दे को भूलते जा रहे हैं और टेक्नोलॉजी हमें यही याद दिला रही है।

□

त्याग और बलिदान को मापना बहुत मुश्किल है

वह दिल को छू जानेवाला पल था। तीन साल की बच्ची से पिता को आखिरी बार 'गुड बाय' करने के लिए कहा जा रहा था। पिता को अंतिम सफर पर जो निकलना था। श्मशान में अंतिम संस्कार के रीति-रिवाज चल रहे थे। पुलिस और सेना के जवानों अफसरों सहित शहर के कुछ खास लोग वहाँ मौजूद थे। सबके चेहरे गमजदा। लेकिन वहाँ भी पिता की चिता से कुछ मीटर की दूरी पर वह बच्ची दादाजी की बाँहों में मुसकरा रही थी। उसे पता ही नहीं था कि क्या हो रहा है। क्यों हो रहा है। हालाँकि दादाजी के चेहरे पर दुःख की लकीरें साफ दिख रही थीं।

उस बच्ची के दादा-दादी ने जवान बेटे को खो दिया था। महज 32 साल का ही तो था वह बेटा। देश के लिए शहीद हो गया। दोनों बुजुर्ग पति-पत्नी बार-बार एक-दूसरे को देख रहे थे। उन्हें इस बुढ़ापे में फिर जवान माता-पिता की भूमिका निभानी थी। जिस तरह उन्होंने बेटे को बड़ा किया। पाला-पोसा। अब उसी तरह उसकी बेटी की जिम्मेदारी उनके कंधों पर आन पड़ी थी। मेजर मुकुंद वरदराजन अपने माता-पिता के हाथों में बेटी आर्शेया को छोड़कर दुनिया को अलविदा कह गए थे। कश्मीर में आतंकवादियों से लड़ते हुए उन्होंने जान गँवा दी थी।

यह तो पिता का बलिदान था। अब उस बच्ची के बारे में सोचिए।

वह बड़ी होगी तो कभी पिता के आसरे को महसूस नहीं कर पाएगी। उनकी उँगली पकड़कर चल नहीं पाएगी। स्कूल में जब दूसरे बच्चों को पिता के साथ आते देखेगी तो एक खालीपन उसे हमेशा सालता रहेगा। क्योंकि उसके

पिता कभी उसे स्कूल छोड़ने नहीं जा पाएँगे। उसके साथ कभी खेल नहीं पाएँगे। कभी उसे जिंदगी की दिशा पकड़ने में मदद नहीं कर सकेंगे। वह तो पिता की यादों को भी ठीक तरह सहेज नहीं सकेगी। क्योंकि उसकी उम्र ही अभी महज तीन साल है।

इस पूरे दृश्य ने मुझे झकझोर कर रख दिया। रुला दिया। अंदर से गुस्सा भी आ रहा था। मुझे लगता है कि दुनिया का सबसे दुःखद पल वह होता है, जब कोई सैनिक देश के झंडे में लिपटा, ताबूत में लेटा हुआ घर लौटता है। और उससे भी ज्यादा दुःखद तब, जब उस सैनिक के बुजुर्ग माता-पिता और छोटे-छोटे बच्चे उसके पीछे रह जाते हैं। मैं सोच भी नहीं सकता कि ये बच्चे पिता की छाँव के बिना कैसे रहते होंगे। हममें से किसी को अंदाजा तक नहीं है कि देश में आर्शेया की तरह न जाने कितने बच्चे इस विडंबना के शिकार हो चुके हैं। या हो रहे हैं। उस बच्ची को देख हर किसी की आँखें नम हो रही थीं। उनकी भी जो टीवी पर उसे देख रहे थे।

सोशल नेटवर्किंग साइट्स पर मेजर वरदराजन और उस बच्ची के लिए शुभकामनाओं की भरमार आई हुई है। किसी में कहा जा रहा है, 'मेजर वरदराजन, चिंता न करें। देवदूत आपकी बच्ची की देखभाल करेंगे।' तो कोई कमेंट कर रहा है, 'भगवान् इस बच्ची की सुरक्षा करे।' मुझे इस वक्त शोले फिल्म का दृश्य याद रहा है। एके हंगल के बेटे को गब्बर ने मार दिया है। वे बेटे की अरथी के पास बैठे गाँववालों से पूछते हैं, 'जानते हो, दुनिया का सबसे बड़ा बोझ क्या है?' फिर थोड़ी देर बाद खुद ही सवाल का जवाब देते हैं, 'बाप के कंधे पर बेटे का जनाजा।' मेजर वरदराजन के पिता ने इस बोझ को उठाया है। लेकिन मुझे पता नहीं कि इस बच्ची या इसके जैसे ही दूसरे बच्चों के बलिदान को क्या नाम दिया जाएगा, बचपन में ही जिनके पिता देश के लिए कुरबान हो गए।

फंडा यह है कि बलिदान को मापना किसी के बस की बात नहीं। हर बलिदान बराबर से बड़ा है। जिन बच्चों के पिता हमारी और देश की सीमाओं की सुरक्षा में जान दाँव पर लगा गए, उन्हें इज्जत दीजिए।

□

क्या हम वाकई परिपक्व समाज के सदस्य हैं?

दिव्या के घर में बाबू नाम का एक बकरा है। उसके गले में घंटी बँधी है। वह पूरे घर में कहीं भी आजादी से घूम-फिर सकता है। घर में कोई भी उसे परेशान नहीं कर सकता। किसी ने उसे जरा सा छेड़ने की कोशिश की तो वह तुरंत दौड़कर दिव्या के पास पहुँच जाता है। दिव्या जब तक स्कूल से घर नहीं आती, बाबू दरवाजे पर उसका इंतजार करता है। जैसे ही उसे दिव्या के आने की आहट मिली, दौड़ते हुए उसके पास पहुँच जाता है। फिर वे दोनों एक साथ घर लौटते हैं। इसके बाद बाबू को हरी पत्तियाँ और टमाटर मिलते हैं।

टमाटर खाते वक्त कई बार बाबू के पूरे मुँह में उसका रस लग जाता है। तब दिव्या उसे बालटी से पानी डाल-डालकर नहलाती है। और बाबू के ऊपर भी पानी पड़ा नहीं कि वह शरीर को झटककर पानी हटा देता है। दोनों के लिए यह एक तरह का खेल होता है। रोज दिव्या के लौटने के बाद दोपहर का यह खेल चलता है। लेकिन उस रोज ऐसा नहीं हुआ।

दिव्या स्कूल से लौटी तो बाबू उसे लेने नहीं आया। घरवालों से पूछा तो उन्होंने बताया कि दादा-दादी बाबू को पास के मंदिर तक ले गए हैं। थकी-हारी थी, इसलिए जल्दी ही सो गई। शाम तक जब उसकी आँख खुली तो लगा जैसे बाबू उसके तलवे चाट रहा है। वह अकसर ही उसे उठाने के लिए ऐसा किया करता था। दिव्या हड़बड़ाकर उठ बैठी। लेकिन देखा कि उसके पैरों के पास तो दादाजी बैठे हैं, जो गीले हाथ से उसके तलवे सहला रहे थे। उन्होंने दिव्या से कहा कि वह उनके साथ मंदिर चले। दोनों मंदिर पहुँचे तो देखा—

वहाँ भारी भीड़ के बीच बाबू खड़ा है। उसके माथे पर तिलक और गले में माला थी। भीड़ ने उसके ऊपर कई बालटी पानी डाला था।

सूरज डूबने में थोड़ा ही वक्त था। बलि देने के लिए बाबू को वहाँ लाया गया था। गाँववालों की मान्यता थी कि जब तक बकरा शरीर पर डाले गए पानी को झड़ा नहीं देता, तब तक बलि नहीं दी जा सकती। और बाबू तो चुपचाप खड़ा था। लोग इसे बुरे साए का प्रभाव मान रहे थे। दिव्या पहुँची तो लोगों को कुछ आस बँधी। बड़े-बुजुर्गों ने बच्ची से आग्रह किया कि वह बाबू को शरीर से पानी झटकने के लिए तैयार करे।

दिव्या से कहा गया कि बाबू ने शरीर से पानी नहीं झड़ाया तो बारिश के देवता नाराज हो जाएँगे। उसका मन घबरा रहा था, लेकिन उसने बड़ों की बात मान ली। बाबू के पास गई। उसे सहलाया। एक टमाटर खिलाया। बाबू ने चुपचाप टमाटर खाया, लेकिन रस इस बार भी उसके चेहरे पर लग गया। दिव्या ने पानी से उसका चेहरा पोंछा। बाबू चुपचाप दिव्या को देखे जा रहा था। दोनों की आँखें भीगी थीं। उनके बीच क्या बात हुई, किसी को समझ में नहीं आया। लेकिन तभी सबने देखा कि बाबू ने जोर से शरीर हिलाया और पूरा पानी शरीर से झटक दिया। भीड़ खुशी से उछल पड़ी। बाबू के गले से घंटी और रस्सी खोलकर दिव्या को दे दी गई। फिर उसे मंदिर के पीछे ले जाया गया। दो मिनट बाद ही बाबू की चीख सुनाई दी। फिर सब शांत हो गया। दादाजी के साथ दिव्या चुपचाप घर लौट आई थी।

उस रात गाँव में भोज हुआ। लेकिन अगली सुबह पूरा गाँव एक बार फिर इकट्ठा था। दिव्या की अंतिम यात्रा में शामिल होने के लिए। गाँववालों में से किसी के पास इस सवाल का जवाब नहीं था कि आखिर अब कौन से देवता नाराज हुए। जिन्होंने उस छोटी सी बच्ची को दुनिया से उठा लिया।

फंडा यह है कि मजबूरी कोई भी हो। मासूम बच्चों के भरोसे को तोड़ने का हममें से किसी को हक नहीं। बच्चों को समझ पाने की जहाँ तक बात है, तो लगता है हमारे समाज को अब भी परिपक्व होना है।

□

महिलाएँ दृढ़ हों तो वे पुरुषों से ज्यादा ताकतवर साबित हो सकती हैं

वह अपने घर में अकेली संतान थी। इसलिए उसे खूब लाड़-दुलार मिला। पढ़ाई-लिखाई भी अच्छी हुई। उसके परिवार के पास एक हिल स्टेशन पर काफी बड़ी जमीन थी। उसमें कॉफी की खेती होती थी। इससे उसका परिवार समृद्ध लोगों की जमात में शामिल था। जब वह 17 साल की हुई तो उसके माता-पिता को चिंता हो गई। उन्हें एहसास हुआ कि उनकी बेटी तो अब शादी लायक हो गई है। उन्होंने उसके लिए योग्य लड़का ढूँढ़ना शुरू कर दिया। किस्मत से उन्हें ऐसा लड़का मिल भी गया। जाहिर है, इसके बाद उन्होंने देर नहीं की। जैसे ही उसने 18 साल की उम्र पूरी की, उसके माता-पिता ने उसकी शादी कर दी। वह भी अपने पापा की लाड़ली बेटी थी। उन्हें दुःखी नहीं करना चाहती थी। क्योंकि उसकी पूरी दुनिया उसके पापा के इर्द-गिर्द ही घूमती थी। इसलिए वह भी शादी के लिए तैयार हो गई। हालाँकि वह इतनी कम उम्र में शादी को ठीक नहीं मानती थी। कुछ दिन तो उसकी शादी-शुदा जिंदगी ठीक चली। लेकिन बाद में परेशानियाँ शुरू हो गईं। उसके ससुरालवालों ने पहले-पहल उसे तानों-उलाहनों से परेशान करना शुरू किया। फिर कुछ दिन बाद मारपीट भी करने लगे। वह चुपचाप सब सहती रही। अपने माता-पिता को भी उसने इस बारे में कुछ नहीं बताया। क्योंकि वह नहीं चाहती थी कि यह सब जानकर उन्हें तकलीफ पहुँचे।

उसे लगता था कि उसके पिता को जैसे उसके ऊपर हो रहे अत्याचारों की बात पता लगेगी, वे टूट जाएँगे। इसी बीच उसके ससुरालवालों ने उससे

उसके बेटे को भी दूर कर दिया। अब वह संघर्ष में पूरी तरह अकेली रह गई थी। किसी का सहारा नहीं था। शादी के बाद पूरे 13 साल तक यह सिलसिला चलता रहा। फिर आखिर उसके सब्र का बाँध टूट गया। एक शाम जब उससे रहा नहीं गया तो वह अपने पिता के घर चली आई। जैसी हालत में थी वैसे ही। पूरे शरीर पर मारपीट से आए चोटों के निशान चीख–चीखकर उस पर हुए जुर्म की कहानी कह रहे थे। उसके पिता ने जब बेटी की यह हालत देखी तो वे धक से रह गए। उन्होंने उसे बाँहों में ले लिया। उसे दिलासा दी। अगले दिन वे एक दोस्त के पास गए। बेटी के साथ जो हुआ, वह सब कह सुनाया। फिर सलाह माँगी कि अब आगे क्या किया जाए। लेकिन वे घर लौट नहीं सके। दोस्त से मशविरे के बाद जब वे घर वापस आ रहे थे, रास्ते में ही उन्हें हार्ट अटैक आ गया। उस वक्त कार में उनके साथ सिर्फ ड्राइवर ही था।

उसने अपनी तरफ से कोशिश की, लेकिन अपने मालिक को बचा नहीं सका। ड्राइवर लौटकर घर तो पहुँचा, लेकिन साथ में मालिक की बेजान देह को लेकर। ससुराल में बेइंतहा तकलीफ झेल चुकी बेटी के लिए यह बड़ा झटका था। सदमा, जो उसकी बरदाश्त से बाहर था। इन पूरी घटनाओं के बाद अब तक 12 साल का वक्त निकल चुका है। तमाम तकलीफों–मुश्किलों को मात देकर छाया ननजप्पा अब एक विजेता की तरह देश में पहचान बना चुकी हैं। वे देश की पहली महिला हैं, जो शहद तैयार करने का आधुनिक कारखाना चलाती हैं। महिला उद्यमियों में शुमार हो चुकी हैं और नेक्टर फ्रेश नामक कंपनी की मैनेजिंग पार्टनर हैं। नेक्टर फ्रेश वह ब्रांड नेम है, जिसने शहद, नैचुरल जैम्स और सॉस की दुनिया में बड़े मापदंड स्थापित किए हैं। छाया अपने पिता की मौत के बाद एकबारगी तो टूट ही गई थीं। लेकिन वे जल्द ही इस सदमे से बाहर निकल आईं।

उन्होंने कुछ कर दिखाने की ठानी। छाया कर्नाटक के कुर्ग में आ गईं। वहाँ उन्होंने हॉस्पिटैलिटी इंडस्ट्री जॉइन कर लीं। जल्द ही उन्होंने जरूरतों को समझ लिया। चूँकि वे उद्यमी ही बनना चाहती थीं, इसलिए उन्होंने पहले–पहल एक छोटी औद्योगिक इकाई लगाई। इस इकाई को खादी ऐंड विलेज बोर्ड का समर्थन और सहयोग मिला। उनकी यह औद्योगिक इकाई लोकल मार्केट में उच्च गुणवत्ता की शहद सप्लाई करती थी। हालात धीरे–धीरे बदलते

गए। फिर एक वक्त ऐसा भी आया, जब उन्होंने नेक्टर फ्रैश जैसे ब्रांड की नींव रख दी। आज यह कंपनी देश में कच्ची और तैयार शहद की सप्लाई करनेवाली सबसे बड़ी कंपनियों में शामिल हो चुकी है। कंपनी 9 मार्च, 2014 से अपनी उत्पादन क्षमता और बढ़ा रही है। इसके बाद यूरोपियन यूनियन के देशों को भी यह उनकी जरूरत के हिसाब से शहद सप्लाई करने लगेगी। आज ताज और आईटीसी जैसे बड़े होटल समूह सिर्फ नेक्टर फ्रैश के शहद को ही तरजीह देते हैं। छाया की आगे की योजनाएँ भी हैं। यूरोप के बाजार में पैर जमाने के बाद वे एक रेस्टोरेंट खोलना चाहती हैं। जहाँ कुर्ग इलाके के खास व्यंजन मिलते हों। इस रेस्टोरेंट में एक जगह ऐसी भी होगी, जहाँ ग्रामीण कलाकारों की बनाई गई चीजें मिलेंगी। खासकर महिलाओं के हाथ की बनी। छाया की एक इच्छा और है। वे बेटे को फिर हासिल करना चाहती हैं।

फंडा यह है कि महिलाओं को अगर चुनौती दी जाए तो वे पुरुषों से भी बेहतर साबित होती हैं। वे अपनी दृढ़ता से इस पुरुष प्रधान समाज में कुछ भी हासिल कर सकती हैं।

□

नए आइडिया से जश्न को ज्यादा जगमग बनाएँ

पिछले बुधवार मुंबई के एक अग्रणी मॉल ने एक घोषणा की। मॉल ने लोगों से कहा कि अगर वे दिवाली के शुभकामना संदेश फ्री में भेजना चाहते हैं तो इकट्ठा हो जाएँ। अधिकतम फ्री ग्रीटिंग काड्र्स की संख्या 500 होगी।

जब लोग मॉल पहुँचे तो उन्हें बाकी भीड़ से अलग कर दिया गया। उन्हें कहा गया कि वे मोबाइल फोन का इस्तेमाल कर सकते हैं, लेकिन किसी से बात या एसएमएस नहीं कर सकते। 500 फ्री ग्रीटिंग काड्र्स हासिल करने के लिए उन्हें 25 पते बताने होंगे। वे फर्जी पते भी नहीं दे पाएँगे। सारे पते मुंबई महानगर से बाहर के होने चाहिए। आयोजक उन पतों का इस्तेमाल भी नहीं करेंगे। प्रतियोगिता 45 मिनट चली, लेकिन मॉल के अंदर मौजूद चार हजार की भीड़ और उनमें से अलग किए गए 600 लोग शर्त के मुताबिक पते नहीं दे पाए। यानी उनके पास अपने रिश्तेदारों या दोस्तों को ग्रीटिंग काड्र्स भेजने के लिए 25 पते तक नहीं थे। फर्जी पते देनेवाला भी पकड़ा गया। कई लोग पते याद करते दिखे। कुछ लोगों ने 15 पते लिखे, लेकिन 25 पतों की सीमा तक कोई नहीं जा सका।

मॉल में जमा लोगों से अगला सवाल हुआ। पूछा गया कि वे अपने कई सारे दोस्तों और रिश्तेदारों को किस तरह ग्रीटिंग्स भेजेंगे। कोई भी असरदार जवाब नहीं दे सका। अचानक एक टेक-सैवी युवा सोमेंद्र शर्मा सामने आया। उसने मॉल की बड़ी स्क्रीन से जुड़े कंप्यूटर से अपना मोबाइल फोन कनेक्ट

किया। उसने बताया कि किस तरह वीडियो ग्रीटिंग्स अपने करीबियों को भेजे जा सकते हैं। ये वीडियो इ-मेल के जरिए भेजे जा सकते हैं। हर युवा के पास कम-से-कम 100 इ-मेल आईडी होते हैं। इसके बाद सोमेंद्र ने विड पेप का इस्तेमाल किया। यह एक ऑनलाइन वीडियो टूल है। यह वीडियो मैसेज रिकॉर्ड कर अपलोड करने और इ-मेल के जरिए भेजने में यूजर्स की मदद करता है। यह टूल (..................) के साथ भी मौजूद है। इससे यह ग्रीटिंग भेजनेवालों के साथ ही उन लोगों का भी वक्त और धन बचाता है, जिनके घर किसी की शादी हो रही है। यूजर पर्सनलाइज्ड ग्रीटिंग्स उन्हें भेज सकते हैं। वीडियो मैसेज भेजने से आमंत्रणों के औपचारिक होने की दिक्कत भी खत्म हो जाती है। ये खासकर उत्सव के दिनों में ग्रीटिंग्स को यूनिक बना देते हैं।

5 नवंबर को विवाह करने जा रहे 24 वर्षीय एक युवक ने दिवाली ग्रीटिंग के साथ अपनी शादी का निमंत्रण भी अटैच कर दिया। इसे एक वेडिंग वीडियोग्राफर ने पुणे स्थित एंबी वैली में शूट किया। पाँच मिनट का यह वीडियो किसी मूवी से कम नहीं है, जिसमें गाने, डांस और संवाद हैं। उसने टैबलेट पर वीडियो अपलोड कर उसे दोस्तों और परिवार के सदस्यों को इ-मेल के जरिए भेज दिया।

अगर आप उपयुक्त लोगों को जानते हैं तो तीन हजार रुपए जैसी कम कीमत में भी वीडियो इनवाइट तैयार करा सकते हैं। ऑटो मोड का इस्तेमाल कर आप खुद भी वीडियो बना सकते हैं। प्रोफेशनल वीडियोग्राफर से इसकी कीमत 75 हजार से तीन लाख रुपए के बीच आएगी। ये हर बजट में मिल जाएँगे।

फंडा यह है कि हर साल आनेवाली दिवाली में नयापन लाने से यह उत्सव पहले से कहीं ज्यादा जगमग बन जाएगा। यह आप पर निर्भर है कि आप कैसे तकनीक और नए विचारों का इस्तेमाल करते हैं।

□

डाटा के ढेर से काम की चीज निकालने में ही है स्मार्टनेस

ट्रिपएडवाइजर नाम की एक एजेंसी का हाल में ही सर्वे आया। इसकी रिपोर्ट के मुताबिक, पिछले दिनों बदले माहौल के बाद दुनिया के कई देशों के लोग भारत की यात्रा करने को उत्सुक हैं। इस लिस्ट में सिंगापुर, यूक्रेन और चीन सबसे ऊपर हैं। ये तीनों दुनिया के सबसे तेजी से बढ़ते बाजार भी हैं। सिंगापुर से लोगों के भारत आने का प्रतिशत 48 की दर से बढ़ रहा है। वहीं यूक्रेन से 43 और चीन से यह बढ़त 33 फीसदी है।

दूसरी तरफ, अमेरिकी नागरिकों के भारत आने की दर में महज 15 फीसदी की बढ़त हो रही है। इस तथ्य के बावजूद प्रधानमंत्री नरेंद्र मोदी ने अमेरिका से भारत आनेवालों के लिए 'वीसा ऑन अराइवल' की सुविधा का ऐलान किया, यानी भारत पहुँचते ही उन्हें वीसा मिल जाएगा। पहले से इसके लिए झंझट नहीं उठानी होगी। इस कदम से कई लोगों को अचरज हो सकता है। लेकिन वास्तव में इसके पीछे सोची-समझी रणनीति है।

दरअसल, दुनिया में सबसे ज्यादा खर्च करनेवालों में अमेरिकी टूरिस्ट सबसे ऊपर हैं। अमेरिकी पर्यटकों का प्रति व्यक्ति खर्च 1,350 डॉलर (करीब 82,885 रुपए) तक होता है। इसीलिए भारत अमेरिकी पर्यटकों को लुभाने की कोशिश ज्यादा कर रहा है। अमेरिका से भारत आनेवाले 46 फीसदी लोग अपने दोस्तों और परिवार से मिलने आते हैं। वे यहाँ खरीदारी करते हैं। स्थानीय परिवहन इलाज पर भी खर्च करते हैं, यानी प्रधानमंत्री के फैसले को अच्छी आर्थिक समझवाला कहा जा सकता है। इसी तरह अमेरिकी शिक्षण संस्थान

भारत में मुंबई के स्टूडेंट्स पर ज्यादा डोरे डालते हैं। क्यों? क्योंकि मुंबई से वहाँ जानेवाले स्टूडेंट्स ने 2008 से 2012 के बीच 41.2 करोड़ डॉलर तो सिर्फ एजुकेशन फीस ही चुका दी, यानी करीब 2,528 करोड़ रुपए। जबकि 24.3 करोड़ डॉलर (लगभग 1,492 करोड़ रुपए) रहने-खाने आदि सुविधाओं पर खर्च किए।

जबकि हैदराबाद, दिल्ली, बेंगलुरु और चेन्नई के स्टूडेंट्स खर्च के मामले में अमेरिका में काफी पीछे रहे। उपलब्ध डाटा का अध्ययन कर आगे की रणनीति तय करने का काम काफी पहले से होता आया है। बड़ी कंपनियाँ इसी आधार पर अपने प्रोडक्ट में सुधार भी करती रहती हैं। लेकिन अब डाटा एनालिसिस या इसके अध्ययन की स्थिति में काफी बदलाव आया है। पहला और बड़ा बदलाव तो यही है कि डाटा काफी ज्यादा हो गया है। अब इतने बड़े डाटा से किसी खास वर्ग या परिस्थिति को ढूँढ़कर निकाला जाता है। फिर उस पर फोकस कर ज्यादा-से-ज्यादा रिटर्न हासिल करने की कोशिश की जाती है। इस तरह असफलता की दर को भी काफी कम किया जाता है। इ-रिटेल कंपनी अमेजन ने बड़ी सफलता से यह काम किया है। कोई भी डाटा आजकल गोपनीय नहीं है। जिस किसी को भी जब जरूरत होती है, वह विभिन्न स्रोतों से डाटा हासिल कर सकता है। लेकिन कई लोग बहुत सा डाटा हासिल करने के बाद भी उससे अपने फायदे की चीज नहीं निकाल पाते। उनके लिए गूगल कंपनी आदर्श हो सकती है। इस कंपनी के पास सर्वश्रेष्ठ इंजीनियर हैं। वहाँ के एचआर डिपार्टमेंट को पता है कि कब, कहाँ, किसको, क्या काम देना है। इसीलिए कंपनी बाकी कंपनियों की तुलना में कोसों आगे रहती है और सर्वश्रेष्ठ नतीजे हासिल करती है। यानी डाटा एनालिसिस दिनोदिन अहम होता जा रहा है।

फंडा यह है कि हर तरफ इफरात डाटा मौजूद है। पर आपकी स्मार्टनेस तभी मानी जाएगी, जब आप उसमें से अपने काम की चीज ले लेते हैं और मुनाफा हासिल कर लेते हैं।

□

जीवन-चक्र में खुशी सिर्फ एक हिस्सा है

जन्म के बाद से करीब 22 साल तक वह अनाथालय में रही। माता-पिता को ढूँढ़ने की खूब कोशिश की। लेकिन कोई सफलता नहीं मिली। थक-हारकर उसने तलाश रोक दी। जिंदगी में नया रास्ता ढूँढ़ लिया। हेलन ने पैरामेडिकल सदस्य के तौर पर नौकरी कर ली। और फिर अनाथालय में ही पले-बढ़े 24 साल के लड़के एलुमलाई से शादी कर ली। आज हेलन की एक 18 महीने की बेटी भी है। रूबी नाम है उसका।

रूबी जब हेलन को 'अम्मा' बुलाने की कोशिश करती, तो उसकी आँखों में आँसू आ जाते हैं। आखिर वह खुद कभी किसी को अम्मा नहीं बुला सकी थी। इसकी टीस उसकी आँखों से छलक आती थी। हेलन की कहानी बॉलीवुड की किसी मसाला फिल्म की तरह है। तमिलनाडु के मदुरै जिले के उसीलमपट्टी से शुरू होती है यह कहानी। हेलन उस वक्त पेट में ही थी कि पिता ने उसे मार डालने की सोच ली।

इसलिए नहीं कि वे बेटी के खिलाफ थे। बल्कि वे एक और बच्चे को खिलाने-पालने की स्थिति में नहीं थे। हेलन उनकी सातवीं संतान थी। तब हेलन का एक भाई कुमार आठ साल का था। उसने हेलन के जन्म के वक्त पिता को किसी से बातचीत करते सुन लिया। शायद वे दोनों लोग बच्ची को मारने की योजना पर चर्चा कर रहे थे। वह लड़का भागा-भाग गया और अपने स्कूल के प्रिंसिपल को पूरी बात बता दी।

स्कूल के प्रिंसिपल ईसाई मिशनरी के फादर भी थे। उन्होंने उस नवजात बच्ची को अनाथालय में भेजने का फैसला किया। बच्चे ने उन्हें क्या कुछ बताया है, इसकी जानकारी उन्होंने गोपनीय रखी। उन्हें लगा कि किसी को

कुछ बताया तो कन्फ्यूजन ज्यादा हो जाएगा। लिहाजा उन्होंने अपने कार्यकर्ताओं को भेजकर उस बच्ची को मिशनरी द्वारा संचालित अनाथालय में भिजवा दिया। इसके बाद वह वहीं पलने लगी।

कुछ समय बाद उसे दूसरे अनाथालय में भेज दिया गया। फिर तीसरे और चौथे। इस चौथे अनाथालय का नाम है लिटिल ड्रॉप्स। चेन्नई के नजदीक स्थित इस अनाथालय में ही उसे जीवन का साथी एलुमलाई मिला और नौकरी भी। लेकिन यहाँ हेलन का भाई कुमार बहन की यादों को भुला नहीं पा रहा था। इसीलिए जैसे ही पिता का निधन हुआ वह उन फादर के पास जा पहुँचा, जिसे उसने बहन के बारे में बताया था।

वहाँ से पता करते हुए कुमार ने हेलन के बारे में काफी जानकारी जुटा ली। इसी बीच जी-टीवी के तमिल चैनल पर एक रियलिटी शो 'सॉल्वथेलम उन्मई' चल रहा था। हिंदी में इसके शीर्षक का मतलब है, 'जो हम कहते हैं, सच होता है'। कुमार ने चैनल और कार्यक्रम के संचालकों से संपर्क किया। क्योंकि इस कार्यक्रम के जरिए कई बिछड़े लोगों को मिलवाया गया था। कुमार भी बहन को परिवार से मिलाना चाहता था। इसलिए उसने कार्यक्रम के संचालकों से संपर्क किया था। उसकी बात को चैनलवालों ने भी सुना। मदद भी की। पिछले महीने के आखिर में कार्यक्रम के संचालकों ने लिटिल ड्रॉप्स अनाथालय के डायरेक्टर ईजे पॉल से संपर्क किया, ताकि हेलन के बारे में पुख्ता जानकारी हासिल की जा सके। हालाँकि खुद हेलन को इस बारे में कुछ पता नहीं था। जब पूरी जानकारी पुख्ता हो गई तो हेलन को चैनल के स्टूडियो में बुलाया गया।

पूरे कार्यक्रम का लाइव प्रसारण होना था। स्टूडियो में हेलन की माँ, कुमार और उससे छोटे भाई-बहन, कुमार की पत्नी और दो बच्चे भी मौजूद थे। कार्यक्रम के एंकर ने हेलन से पूछा कि अगर उसे उसकी माँ से मिलवा दिया जाए तो कैसा लगेगा। इस पर हेलन ने कोई जज्बाती प्रतिक्रिया नहीं दी। बल्कि वह तो नाखुश लग रही थी। शायद माँ से नाराज थी। लेकिन एंकर ने हेलन के सामने उसकी माँ को ला खड़ा किया। पहले तो हेलन को भरोसा नहीं हुआ। लेकिन थोड़ी देर की बात के बाद जब उसका भरोसा जमने लगा तो उसने माँ के सामने सवालों की झड़ी लगा दी कि आखिर क्यों पैदा होते ही उसने उसे छोड़ दिया? अपने साथ क्यों नहीं रखा? अब तक उसे ढूँढ़ने की

कोशिश क्यों नहीं की? आदि। वह रोए जा रही थी। कार्यक्रम में मौजूद दर्शकों की आँखों में भी आँसू थे। हालाँकि तमाम सवाल-जवाब का अंत खुशनुमा हुआ··· । हेलन अपनी माँ की बाँहों में समा गई। अपने 10 सदस्योंवाले परिवार की 11वीं सदस्य के तौर पर भी उसका हिस्सा हो गई।

फंडा यह है कि जिंदगी मुश्किल हो सकती है। कभी-कभी क्रूर भी। लेकिन वह खुशियाँ भी दे जाती है। जीवन-चक्र में यह सब शामिल है।

□

अपने सपने को जियो

जुबनश्व मिश्रा जिंदगी में कुछ अलग करना चाहते थे। उनका सपना था कि भारतीय युवाओं को ऐसी प्रेरणा दी जाए, जिससे वे कॅरियर चुनते वक्त अपने दिल की सुनें। मिश्रा के पिता टीचर और माता गृहिणी थीं। उनकी इच्छा यही थी कि उनके बेटे का एक सुरक्षित कॅरियर हो, लेकिन मिश्रा जॉब को लेकर आश्वस्त नहीं थे, क्योंकि उनको गाइड करनेवाला और दूसरे विकल्पों की जानकारी देनेवाला कोई नहीं था। लिहाजा जैसे-जैसे मिश्रा बड़े हुए कॅरिअर को लेकर उनके सपने बदलते गए। जब वे चार साल के थे, तब सुपरमैन बनना चाहते थे। 14 साल में गिटारिस्ट का ख्वाब बुना। फिर 16 साल में उन्होंने 'गॉडफॉदर' मूवी देखी और तय किया कि मुझे डॉन बनना है। इसके बाद 18 साल में वे कोच बनने का सपना देखने लगे। मिश्रा की अस्थिरता को देखकर उनके माता-पिता ने कॅरियर का मामला अपने हाथ में ले लिया। 12वीं के बाद उन्हें इंजीनियरिंग कॉलेज भेजा गया। जहाँ उन्होंने अच्छा प्रदर्शन किया और टीसीएस में उन्हें नौकरी मिल गई। घरवालों को भी लगा कि चलो, अब चीजें सही हो गई हैं, लेकिन मिश्रा के लिए यह एक नई शुरुआत थी। उनको पता था कि वह टीसीएस की जॉब के लिए नहीं बने हैं। उनका दिल करता था कि वे ऐसी जॉब करें, जिसमें वे ज्यादा-से-ज्यादा लोगों से मिल सकें। छात्रों को प्रेरित कर सकें। उन्हें इसके लिए उत्साहित कर सकें कि वही करें, जो मन करता है।

इसी तरह तीन साल गुजर गए। तभी मिश्रा को कनाडाई नागरिक शीन एकेन के बारे में पता चला। एकेन ने 2007 में उत्तरी अमेरिका से अपनी ऐतिहासिक कॅरियर यात्रा शुरू की। एकेन ने 52 हफ्तों में 52 अलग-अलग जॉब कीं। उनका मकसद यह जानना था कि उन्हें जिंदगी में क्या करना चाहिए? यह एक हफ्ते

में एक प्रोजेक्ट पूरा करने जैसा मामला था। इस बारे में जानने के बाद मिश्रा ने तय किया कि वे 28 राज्यों में 28 हफ्ते बिताएँगे और 28 नौकरियाँ करेंगे। मिश्रा ने इसके लिए कुछ पैसा अपने दोस्तों से जुटाया, कुछ उनकी सेविंग्स थीं। इसके बाद मिश्रा निकल पड़े। उन्होंने कुल 24,929 किलोमीटर का सफर बस, ट्रेन, टैक्सी, हवाई जहाज, ट्राम, नाव, मोटरसाइकिल और ऑटोरिक्शा से तय किया। कई बार तो उन्होंने जुगाड़ से बनी नावों से भी नदियाँ पार कीं। उनका लक्ष्य यह था कि कुछ बताने से पहले उस चीज का असल अनुभव होना चाहिए। मिश्रा ने 2013 में बतौर फोटोग्राफर ऑनलाइन शॉपिंग पोर्टल इंडियारूट्सडॉटकॉम ज्वॉइन किया। इसके बाद वे गुजरात गए। वहाँ मार्केट रिसर्चर की जॉब की।

अगले हफ्ते वे राजस्थान में थे, जहाँ बतौर होटल मैनेजर काम किया। फिर हिमाचल प्रदेश पहुँचे। जहाँ 4,946 मीटर की ऊँचाई पर स्थित गौरजुंदा पहाड़ पर सफाईकर्मी बनकर काम किया। हर दिन वे करीब 15 किलो कचरा साफ करते थे। इसके बाद मिश्रा अमृतसर पहुँचे, यहाँ गोल्डन टैंपल में सेवादारी की। इसके अगले हफ्ते वे जम्मू-कश्मीर चले गए। यहाँ एक एडवेंचर क्लब में रिवर राफ्टिंग ट्रेनी बन गए। फिर गोवा पहुँचे, जहाँ उन्होंने टैटू बनाने के हुनर में हाथ आजमाया। फिर कर्नाटक में बतौर इमोशनल कंसल्टेंट काम किया। तमिलनाडु के सागर तटों पर मूँगफली बेचीं। आंध्र प्रदेश में मिश्रा ने बतौर स्कूल टीचर भी काम किया। इसके अलावा उन्होंने गंगा नदी के किनारे दाह-संस्कार में मदद करने और असम में चाय की पत्तियाँ चुनने का काम भी किया। इस दौरान उनको डायरिया हो गया। कुछ दिन अस्पताल में बिताने के बाद उन्होंने मिजोरम में बतौर बाइक मैकेनिक भी काम किया। आखिर में मिश्रा मध्य प्रदेश पहुँचे। जहाँ उन्होंने एक कंस्ट्रक्शन फर्म में बतौर स्ट्रैटेजिक कंसल्टेंट काम किया। आखिर में उन्होंने तय किया कि प्ले स्कूल में बतौर टीचर काम करेंगे, जो उन्हें सबसे चुनौतीवाला काम लगा।

फंडा यह है कि मिश्रा के ये कदम युवाओं के लिए एक मंत्र की तरह हैं। इसका सार है कि सिर्फ सपने मत देखो। अपनी आँखें खोलो और अपने सपने को जीने के रास्ते खोजो।

□

महान् बनना चाहते हैं, हर समस्या में अवसर तलाशें

रोजगार के अवसर—कैलिफोर्निया जो स्पेशल इफेक्ट वाली हॉलीवुड फिल्मों के लिए जाना-माना नाम है, इन दिनों सदी के सर्वाधिक भीषण सूखे से जूझ रहा है। यहाँ इस समय ऐसे पाइप से कार धोने पर रोक लगा दी है, जिनमें सामने नोजल हों, वहीं बगीचों, लॉन में स्प्रिंक्लर इस्तेमाल करने पर भी प्रतिबंध है। यह सूखा इतना गंभीर है कि राज्य विधायिका ने भूजल के अत्यधिक दोहन पर रोक लगा दी है। स्थानीय प्रशासन ने अपने सर्वेक्षण में पाया कि कुएँ जैसे जल संसाधनों में पानी का स्तर बेहद खतरनाक स्तर तक नीचे जा गिरा है।

दूसरी ओर 45 अरब डॉलर वाले कृषि उद्योग जो कुल पानी का 62 फीसदी हिस्सा इस्तेमाल करता है, का भी गला एकदम सूख चुका है। इसने वाइन बनानेवाले फलों की खेती से हाथ खींच लिये हैं। वास्तविकता यही है कि आनेवाले समय में तेजी से बढ़ रहे इस कृषि क्षेत्र की भूजल पर निर्भरता बढ़ने जा रही है। सांताक्रूज सरीखी कुछ नगरपालिकाओं में कर्मचारियों ने घरों में घुसकर हॉट वाटर टब, जकूजी आदि की जाँच करनी तथा ज्यादा पानी के दुरुपयोग की शिकायत सही पाने पर भारी जुर्माना शुरू कर दिया है। इसका नतीजा है पानी के इस्तेमाल में 26 फीसदी तक की कमी। वहीं गवर्नर्स की ओर से पानी संरक्षण की निजी अपील के चलते भी पानी में 20 फीसदी की बचत हो रही है।

इकोनॉमिस्ट मैग्जीन ने अपने ताजा अंक में बताया है कि एक्सट्रीम ग्रीन ग्रास नामक एक लॉन पेंटिंग कंपनी इस साल करीब 75 फीसदी से भी ज्यादा

बड़ी हो गई है, क्योंकि ज्यादातर घरों के मालिकों ने अपनी लॉन की सूख चुकी घास को हरी पेंट से पुतवाकर उनके हरे-भरे होने का आभास करवाया। मैग्जीन के सर्वे में सामने आया कि घास पुतवाने की यह प्रथा अब सामाजिक रूप ले चुकी है।

इनसानियत के लिए अवसर—अमेरिका ऐसा पहला देश था, जिसने नई संक्रामक बीमारी इबोला की गंभीरता को समझा। यह बीमारी हर तीन सप्ताह में अपना प्रभाव दोगुना करती जा रही है। फैसला लिया गया कि महामारी से निपटने के लिए सशस्त्र सेना भेजी जाए, ऐसे फैसलों का सम्मान किया जाना चाहिए। कम-से-कम इसलिए कि कोई तो ऐसा है, जिसमें यह दूरदर्शिता थी कि इबोला से होनेवाली मौतों की बढ़नेवाली संख्या का उसने पहले ही आकलन कर लिया था।

अमेरिका ने यह भी समझ लिया था कि अगर इबोला से प्रभावित देशों की मदद समय पर की गई तो ये देश काफी हद तक टूट जाएँगे। हालाँकि इबोला की वजह से हुई मौतों की संख्या अभी 3000 ही है, जो बहुत ज्यादा नहीं मानी जा सकती, पर इसे नजरअंदाज भी नहीं किया जा सकता, खासकर यह देखते हुए कि यह ऐसी महामारी है, जो मानवजाति के लिए अभी तक अज्ञात थी और इसलिए इससे लड़ना इतना आसान भी नहीं है। सभी देश यह तथ्य समझ चुके हैं कि इस महामारी को फैलने के लिए जितना ज्यादा मौका दिया जाएगा, दुनिया के लिए इसका खतरा उतना ही ज्यादा बढ़ता चला जाएगा। इसकी एक वजह यह भी है इस महामारी के भीषण होते चले जाने के बावजूद अब भी कई देश हाथ-पर-हाथ धरे बैठे हैं। जबकि अमेरिका ने इसे चुनौती की तरह देखा, वह भी तब, जबकि इस परोपकार में बीमारी की चपेट में आने का खतरा भी जुड़ा हुआ था।

फंडा यह है कि अगर कहीं समस्या है तो वहाँ समाधान भी है और अवसर भी। आप एक महान् देश या महान् कंपनी बन सकते हैं, बशर्ते आप सही अवसर की पहचान कर लें।

□

किसी भी ब्रांड वैल्यू की बेसिक जरूरत है, क्वालिटी फार्मास्युटिकल्स

कुछ भारतीय कंपनियाँ अफ्रीकी देशों में जेनरिक दवाइयाँ भेजती हैं। लेकिन ये बहुत अच्छी क्वालिटी की नहीं होतीं। जबकि यही कंपनियाँ भारत और अफ्रीका से बाहर अच्छी क्वालिटी की दवाइयाँ बाजार में लाती हैं। इस हफ्ते की शुरुआत में अमेरिकन इंटरप्राइज इंस्टीट्यूट स्कॉलर ने 1,470 दवाइयों के नमूने इकट्ठे किए। यह संस्था कनाडा के लेगाटम इंस्टीट्यूट और ह्यूमैनिटीज रिसर्च काउंसिल के साथ काम करती है। जिन दवाइयों के नमूने लिये गए, उनके बारे में दावा किया गया कि वे 17 भारतीय कंपनियों ने बनाई हैं।

नमूने अफ्रीका, भारत, रूस, चीन, ब्राजील जैसे देशों से लिये गए। जाँच के बाद टीबी की दवा के 17.5 फीसदी नमूनों को स्टैंडर्ड से कम पाया गया। यह दवा अफ्रीकी देशों में बेची जा रही थी। जबकि भारत में बेची जानेवाली इसी दवा के महज 7.5 फीसदी नमूने ही कमतर मिले। कुल नमूनों में से 10.9 फीसदी तो मानकों पर बिल्कुल खरे नहीं उतरे। खराब क्वालिटी की दवाओं से मरीज की मौत का तक खतरा रहता है। इसके बावजूद ये धड़ल्ले से बिक रही हैं। क्योंकि इनमें मुनाफा बहुत है। कमजोर तबके के लोग इसके शिकार ज्यादा होते हैं।

इसकी वजह यह है कि इस तबके के लोगों को दवा के बारे में ज्यादा जानकारी नहीं होती। अफ्रीकी देशों में भी लोग कम पढ़े-लिखे हैं। गरीब हैं। इसीलिए दवा कंपनियाँ उन्हें भी अपनी लालच का शिकार बना रही हैं। वॉशिंगटन में इसी हफ्ते एक प्रेस कॉन्फ्रेंस हुई। इसे मार्क डाइबुल ने संबोधित किया। ये

एड्स, टीबी और मलेरिया से लड़नेवाली संस्था ग्लोबल फंड के एक्जीक्यूटिव डायरेक्टर हैं। उन्होंने कहा, ''भारतीय दवा कंपनियाँ बड़ी समस्या हैं। वे खराब दवाएँ बनाती हैं। जबकि वैश्विक संगठन उच्च क्वालिटी की दवा लेना चाहते हैं।''

खेती—कुछ समय पहले यूरोपियन यूनियन ने भारत से वहाँ पहुँचनेवाले अल्फांसो आम पर प्रतिबंध लगा दिया था। क्योंकि वहाँ के विशेषज्ञों को पता चला था कि भारत में इन्हें केमिकल्स के जरिए पकाया जाता है। इससे ये खानेवाले के लिए बेहद नुकसानदायक हो जाते हैं। भारत सरकार की तमाम कोशिशों के बावजूद यह प्रतिबंध अब तक नहीं हटा है। सिर्फ आम नहीं भारत से यूरोप जानेवाली करीब आधा दर्जन सब्जियों पर भी इसी वजह से प्रतिबंध है। इस प्रतिबंध की समीक्षा इस साल के अंत में होने की संभावना है। उसके बाद आगे फैसला होगा।

शिक्षा—देश के कई बड़े शिक्षा संस्थानों में अकसर कई सीटें खाली रह जाती हैं। इसकी वजह यह है कि संस्थानों की संख्या बेतहाशा बढ़ रही है। ऐसे में शिक्षा की क्वालिटी भी लगातार खराब होती जा रही है।

ऑटोमोबाइल—विदेशी कार कंपनियों को जब भी अपनी गाड़ियों में कोई शिकायत मिलती है, वे उन्हें वापस बुला लेती हैं। खराबी को मुफ्त में ही दुरुस्त कर के उन्हें ग्राहकों को सौंपा जाता है। क्योंकि वे मानती हैं कि सस्ते प्रोडक्ट का मतलब ग्राहक को खराब क्वालिटी की चीज देना नहीं है। इसीलिए वे ग्राहकों के भरोसे पर खरा उतरती हैं। ऐसे ही अब भारतीय ऑटोमोबाइल कंपनियाँ भी करने लगी हैं। इसीलिए इन कंपनी की साख अब लोगों के दिलोदिमाग में बढ़ रही है।

फंडा यह है कि किसी भी बिजनेस, व्यक्ति या देश की ब्रांड वैल्यू उसके प्रोडक्ट की क्वालिटी से बनती-बिगड़ती है। क्वालिटी से किसी भी कीमत पर समझौता नहीं किया जा सकता।

□

काम के प्रति पूर्ण समर्पण और गलती करने का पक्का इरादा, यानी सफलता की गारंटी

अरविंद गवांडे लेखक हैं। उन्होंने 'चेकलिस्ट मैनीफेस्टो' के नाम से एक किताब लिखी है। इसमें उन्होंने एक कहानी बयान की है। इसमें पति-पत्नी ऑस्ट्रियाई कस्बे से लगे जंगल में कहीं जा रहे हैं। साथ तीन साल की बच्ची भी है। कुछ देर के लिए बच्ची पर से उसकी माँ की निगाह हटती है कि वह बर्फीले पानी के तालाब में गिर जाती है। पिता की नजर उस पर पड़ती है और वह बिना देर किए बच्ची को बचाने के लिए तालाब में कूद जाते हैं। आधे घंटे बाद बच्ची मिल पाती है। इसी बीच बच्ची की माँ इमरजेंसी मेडिकल टीम को बुला लेती है। बच्ची को जैसे ही बाहर निकाला जाता है, मेडिकल टीम उसका इलाज शुरू कर देती है। लेकिन बच्ची कोई प्रतिक्रिया नहीं कर रही है। नाड़ी थमी हुई है। खून भी जम गया है। शरीर का तापमान 66 डिग्री तक पहुँच चुका है। शायद वह मर चुकी थी। इमरजेंसी टीम तुरंत उसे हेलिकॉप्टर से अस्पताल ले गई। इस बीच उसकी छाती को लगातार पंप किया जा रहा था।

अस्पताल पहुँचते ही बच्ची को सीधे ऑपरेशन थिएटर ले जाया गया। सर्जिकल टीम अपना काम शुरू करती है। बच्ची को बाईपास मशीन पर रखा जाता है। डॉक्टरों को बच्ची के शरीर से पहले खून बाहर निकालना था। फिर उसे वापस शरीर में पहुँचाना था। पंप ऑन कर दिया गया। ऑक्सीजन तापमान का लेवल एडजस्ट कर दिया गया। खून निकालने के लिए जो ट्यूब डाली गई

थीं, वे लाल होने लगीं। डॉक्टरों ने उसकी छाती को हाथ से दबाना बंद कर दिया। इस पूरी प्रक्रिया के दौरान करीब 90 मिनट तक बच्ची का शरीर बिल्कुल बेजान पड़ा रहा। प्रक्रिया पूरी होने के बाद अगले दो घंटे में उसके शरीर के तापमान को 10 डिग्री तक बढ़ाया गया। दिल ने धड़कना शुरू कर दिया। फिर छह घंटे बाद उसके शरीर का तापमान 98.6 डिग्री तक पहुँच गया। यानी शरीर का सामान्य तापमान। डॉक्टरों ने उसको बाईपास मशीन से मैकेनिकल वेंटिलेटर पर शिफ्ट कर दिया। पर दिक्कत अभी खत्म नहीं हुई थी। तालाब के ठंडे पानी और मलबे ने उसके फेफड़ों को नुकसान पहुँचाया था, इसलिए ऑक्सीजन उसके शरीर में नहीं पहुँच पा रही थी।

ऐसे में डॉक्टरों ने उसे आर्टिफिशियल-लंग सिस्टम में रख दिया। इसे ईसीएमओ-एक्सट्राकॉरपोरेल मेम्ब्रेन ऑक्सीजनेशन कहते हैं। इसके लिए डॉक्टरों को उसकी छाती बीचोबीच से खोलनी पड़ी, ताकि कृत्रिम तरीके से ऑक्सीजन पहुँचाई जा सके। यह प्रक्रिया भी पूरी हुई। डॉक्टरों ने उसके शरीर से हार्ट-लंग बाईपास मशीन हटा ली। उन्होंने सभी धमनियाँ रिपेयर कर दी थीं। और भी जो समस्या थी, उसे दूर करने की कोशिश कर ली थी, इसलिए बच्ची को आईसीयू में शिफ्ट कर दिया गया। हालाँकि उसका हार्ट अब भी खुला हुआ था। अगले 24 घंटे तक आईसीयू की टीम उसके फेफड़ों से पानी और गंदगी निकालने में लगी रही। आखिरकार यह मेहनत काम आई। बच्ची के फेफड़ों में सुधार नजर आने लगा। उसे अब मैकेनिकल वेंटिलेटर पर रखा जा सकता था, इसलिए शरीर में जहाँ-तहाँ लगी ट्यूब्स निकालने के लिए उसे एक बार फिर ऑपरेशन थिएटर पर लाया गया। जहाँ कहीं गड्ढे बन गए थे, उन्हें भरा गया। छाती को भी बंद किया गया। और उसे वेंटिलेटर पर रख दिया गया।

अगले दो दिनों में बच्ची के सभी अंगों ने एक-एक कर रिकवर करना शुरू कर दिया। किडनी, लिवर, आँतें, फेफड़े, दिल, लेकिन दिमाग अब भी काम नहीं कर रहा था। सीटी स्कैन से पता चला कि दिमाग में सूजन आ गई है। हालाँकि कहीं कोई नुकसान नहीं हुआ है, इसलिए अब इस गड़बड़ी को दुरुस्त करने के लिए डॉक्टरों को बच्ची की खोपड़ी में छेद करना पड़ा। फिर सूजनवाले हिस्से में बड़ी सावधानी से दवा पहुँचाई गई। आखिर एक हफ्ते बाद दिमाग में भी कुछ सक्रियता आई। सबसे पहले लाइट के लिए प्रतिक्रिया हुई। फिर कुछ समय बाद

धीरे-धीरे बच्ची ने अपने-आप साँस लेना भी शुरू कर दिया। तीन हफ्ते लग गए, उसकी हालत पूरी तरह सुधरने में। हालाँकि अभी वह ठीक से बोल नहीं पा रही थी। इसलिए उसे खास किस्म की थैरेपी दी गई। यह सिलसिला पाँच साल की उम्र तक चला। और अब वह पूरी तरह आम लड़कियों की तरह है।

...यह सब कैसे हो पाया? इस तरह कि मेडिकल टीम के किसी भी सदस्य ने एक छोटी सी भी गलती नहीं होने दी। इस टीम ने बच्ची को बचाने के लिए हर संभव तकनीक और प्रक्रिया इस्तेमाल की। और इसीलिए आज उनकी कहानी पूरी दुनिया में चर्चा का विषय है।

फंडा यह है कि मुश्किल-से-मुश्किल हालात से भी पार पाया जा सकता है। बशर्ते उससे निपटने के लिए पूरा समर्पण हो और छोटी सी भी गलती करने का पक्का इरादा।

□

श्रेय मिले, न मिले, अपना श्रेष्ठ देना कभी भी बंद न करें

रोहित कुमार बौरी जमशेदपुर का रहनेवाला है। उम्र है महज 17 वर्ष। वह झारखंड के जमशेदपुर गोल्फ क्लब में कैडी के तौर पर काम करता था और बदले में महीने भर में उसे महज 2500 रुपए की कमाई होती थी। वह बिष्टुपुर की जुबली रोड में एक आउटहाउस में रहता है। कम उम्र में ही अपने पिता को खो देने तथा कैडी के तौर पर होनेवाली कमाई से वह अपना घर सही ढंग से नहीं चला पा रहा था। इसलिए उसकी माँ सरस्वती घरों में बरतन माँजने साफ-सफाई के काम करती रही। कैडी का मुख्य काम होता है गोल्फ क्लब में खेल रहे गोल्फर के साथ चलना और उसके सभी गोल्फ स्टिक्स को ढोना। मोटे तौर पर यह काम गोल्फर के सहायक की तरह होता है। हालाँकि इसके लिए सहायक को एक खास नाम दिया गया है, कैडी। यह सुनने में तो बड़ा आकर्षक लगता है, पर इससे ज्यादा कमाई नहीं होती। पाँच बरसों तक कैडी के तौर पर काम कर चुके रोहित ने धीरे-धीरे इस अभिजातीय खेल के तमाम बारीक दाँव-पेच सीख लिये हैं। इसमें उनकी मदद की है—जमशेदपुर गोल्फ क्लब के चीफ एडमिनिस्ट्रेटर 1986 के सियोल एशियाड में टीम इंडिया के कैप्टन रह चुके एलन सिंह ने।

रोहित जमशेदपुर कोऑपरेटिव कॉलेज में वाणिज्य संकाय के पहले वर्ष का छात्र भी है। कैडी के तौर पर काम करने तथा कई बरसों तक जाने-माने खिलाड़ियों के सान्निध्य में रहने की वजह से उसने गोल्फ खेलने में

भी महारत हासिल कर ली है। ऐलन ने उसकी इस कला को और भी धार दे दी। खासकर इस तथ्य से रोहित को मदद मिली कि उसकी तरह के कई कैडी थे, जो बाद के दिनों में अच्छे गोल्फर बने। इन तमाम वजहों से रोहित के भीतर इस खेल को लेकर एक किस्म की भूख लगातार बनी रही। उसे उम्मीद थी कि गोल्फ खेलने के उसके कौशल की वजह से उसे 2013 के सब जूनियर टूर टाइटल में जगह जरूर मिलेगी। लेकिन जब अंतिम सूची में उसका नाम नहीं आया तो वह इस कदर नाउम्मीद हुआ कि उसने गोल्फ क्लब रोड की तरफ जाना तक बंद कर दिया।

खारिज किए जाने का दंश उसे इस कदर चुभा कि उसने केवल कैडी का काम छोड़ दिया, बल्कि गोल्फ के मैदान में एक साल तक झाँका भी नहीं। हालाँकि उसके मेंटर ऐलन सिंह ने लगातार उसका हौसला बढ़ाया, ताकि वह एक बार फिर क्लब से जुड़ सके। और उसके बाद उसने पीछे मुड़कर नहीं देखा। महज एक साल पहले खारिज किए जानेवाले रोहित ने बीती ताहि बिसार दे, आगे की सुधि ली, की तर्ज पर नए सिरे से खेल शुरू किया और इस साल अप्रैल में इंर्स्ट जोन से सब जूनियर टूर टाइटल का खिताब जीत लिया।

उसकी गोल्फ खेलने की अद्‌भुत क्षमता ने गरीबी की छाया को कहीं पीछे छोड़ दिया। हालाँकि यह बेहतरीन युवा बीते जून में रॉयल कोलकाता गोल्फ कोर्स में चैंपियन का खिताब नहीं जीत सका, पर उसके खेल को जबरदस्त प्रशंसा मिली। यहाँ कहना होगा कि तमाम विपरीत हालात दिक्कतों के बावजूद रोहित और मजबूत बनकर उभरा और हर गुजरते दिन में उसने अपना खेल बेहतर ही किया। इन कामयाबियों ने उसके भीतर इस कदर जोश भर दिया और वह गंभीरतापूर्वक गोल्फ को अपना कॅरियर बनाने के बारे में सोचने लगा। उनके मेंटर ऐलन का मानना है कि रोहित देश में भविष्य के सबसे बेहतर गोल्फरों में से एक है।

एक सामान्य कैडी रहा यह युवा आज इस स्टील सिटी के गोल्फिंग मैनेजर्स का फेवरेट बन चुका है और उन्हें भरोसा है कि रोहित टी टर्फ पर लंबा कॅरियर बनाएगा। रोहित को भरोसा है कि वह जल्द ही प्रोफेशनल

गोल्फर बनेगा। उसका मुख्य लक्ष्य है पैसे कमाना और अपनी माँ को तमाम दु:खों से निजात दिलाना।

फंडा यह है कि अगर आप इतने सकारात्मक हों कि लोग शक करें, वादे निभाने में इतने पक्के हों कि लोगों में डर पैदा हो और काम के प्रति ऐसी लगन हो कि हार भी हार मान जाए। आपको श्रेष्ठ काम कभी बंद नहीं करना चाहिए।

□

वॉकिंग ट्रिप्स से आपकी बुद्धिमत्ता को मिलता है अच्छा लाभांश

हाल ही में मैंने लंदन के ट्राफलगार स्क्वायर में वॉकिंग ट्रिप (पैदल चलना) में भाग लिया। कॉलेज के दिनों में वॉकिंग ट्रिप्स के लिए जाता था। दो लेन में चलने के लिए 60 मिनट का समय तय होता था। इसके लिए कुछ पाउंड भी लिये जाते थे। मुझे ये पैसे देना अच्छा नहीं लगता था। लेकिन तीस साल पहले जो ट्रिप बुरा लगता था, अब वह अच्छा लगता है। अब किसी भी देश में ऐसा आयोजन होता है तो मैं उसे मिस नहीं करता। जो गाइड हमें ये टूर करा रहा था, वह हमें लंदन के पहले बाटा स्टोर ले गया। उसने पूरे ग्रूप को इस कंपनी की कहानी सुनाई। यह 1894 से शुरू हुई थी। उसने बताया कि इसकी पैरेंट कंपनी चेक गणराज्य के लिन कस्बे में थी। उसने हमें कंपनी का टूर भी कराया। ऐसा लग रहा था कि उसने यहाँ पर ही 120 साल बिताए हों।

उसके मुताबिक, टोमास बाटा एक छोटे से मोची थे। बाद में उन्होंने जूते बनाकर बेचना शुरू किया। 1894 में कंपनी शुरू की। नीदरलैंड्स, इंग्लैंड, कनाडा और भारत समेत कई देशों में शोरूम और निर्माण यूनिट शुरू किए। इस शुरुआत में टोमास, उसकी बहन ऐना और सौतेला भाई एंटोनिन शामिल थे। उस समय यह जगह ऑस्ट्रो-हंगेरियन साम्राज्य का हिस्सा था। यहाँ पर चेक और पोलिश भाषा बोली जाती थी। टोमास चेक और अमेरिका की लगातार यात्रा करता रहता था। इन यात्राओं के दौरान वह भारी पैमाने पर जूते के निर्माण और उनकी आधुनिकता के बारे में सीखता था। जैसे ही पहला विश्वयुद्ध शुरू हुआ। कंपनी को सेना के लिए चार साल तक जूते बनाने थे। युद्ध खत्म होने तक कंपनी कई

यूरोपियन देशों में बड़ा रूप ले चुकी थी।

पहले विश्वयुद्ध के बाद कई देश आजाद हुए और बाटा कंपनी चल पड़ी। जूते बनाने के अलावा कंपनी रिवर शिपिंग, विज्ञापन, फिल्म स्टूडियो और एयरलाइंस के उद्योग में भी गई। कर्मचारियों को उनका अपना अस्पताल, घर और जिम भी दिया गया। पश्चिमी देशों में कर्मचारी कल्याण की योजनाएँ शुरू होने से काफी पहले ही बाटा अपने कर्मचारियों के लिए ऐसी सुविधाएँ शुरू कर चुकी थी। उसने कर्मचारियों को शिक्षा और आर्थिक सुरक्षा भी दी थी। बाटा स्पोर्ट्स मीट की वजह से कई खिलाड़ियों की खोज भी हुई। जैसे कैडबरी ने बर्मिंघम के पास बॉर्नविले नामक शहर बनाया और लिवर ब्रदर्स ने लिवरपूल के पास पोर्ट सनलाइट बनाया। टोमास का ध्यान लिन कस्बे पर था। लेकिन उसका यह सपना 1939 में चूर हो गया।

जर्मनी की नाजी सेना ने चेकोस्लोवाकिया पर कब्जा कर लिया। एंटोनिन गिरफ्तार हो गया। बाद में वहाँ से भागकर कनाडा चला गया। नाजी सेना ने फैक्टरी पर कब्जा कर लिया। अब वे अपनी सेना के लिए जूते बनाने लगे। कम्युनिस्ट शासन ने फैक्टरी को सरकारी बना दिया। लेकिन 1989 में जब कम्युनिज्म खत्म हुआ, तब सरकारी कंपनी बाटा फिर से निजी तरीके से चल सकी। बाटा अपने ही देश में दफन हो गई, जबकि दुनिया की आधी आजाद कंपनियाँ चलती रहीं।

लिन में मौजूद सबसे पहली फैक्टरी को संग्रहालय में बदल दिया गया है। बाटा को बाटा शू ऑर्गेनाइजेशन के नाम से भी जाना जाता है। यह एक परिवार द्वारा चलाया जानेवाला वैश्विक फुटवियर था। इसका हेडक्वार्टर स्विट्जरलैंड के लाउसेन में स्थित है। इसकी तीन व्यापारिक यूनिट्स हैं। इटली में मौजूद बाटा यूरोप, सिंगापुर में बाटा इमर्जिंग मार्केट (एशिया, पेसिफिक, अफ्रीका और लैटिन अमेरिका) और नीदरलैंड्स में स्थित बाटा प्रोटेक्टिव (विश्व भर में बी2बी ऑपरेशन के लिए)। कंपनी के शोरूम 70 देशों में और निर्माण यूनिट्स 26 देशों में मौजूद हैं।

फंडा यह है कि नए शहर में वॉकिंग ट्रिप्स आपको इतिहास में ले जाती है। यह आपके ज्ञान को वर्तमान और इतिहास से जोड़ती है।

□

जीवन में अचानक उलट-पुलट हो, तब प्रार्थना ही देती है सहारा

किसी भी बच्चे के शुरुआती 10 साल अबोधपन में बीतते हैं। अगले 10 साल वह दुनिया को जानने में खर्च करता है। इस दौरान वह नजर आनेवाले कई रास्तों में से अपने लिए जीवन जीने की एक राह चुनता है। और किसी भी मानव जीवन के अगले 10 साल यह साबित करने में गुजरते हैं कि उसने जिस क्षेत्र में आगे बढ़ने का रास्ता चुना, वह उसके लिए सही था। ऑस्ट्रेलिया के क्रिकेटर फिलिप ह्यूज ने भी भगवान् के बुलावे से पहले 25 साल तक ठीक यही किया। उन्होंने क्रिकेट को चुना और उसे अच्छी तरह खेला भी। वे बीते पाँच साल के दौरान ऑस्ट्रेलिया की टीम में अंदर-बाहर होते रहे। हादसे और मौत से पहले वे टीम में फिर चुने जाने के लिए जोर लगा रहे थे। ऑस्ट्रेलिया की जनता और दुनिया भर के क्रिकेट प्रेमी उनके जोशीले स्वभाव और संघर्षशीलता के कायल थे।

फिलिप ग्रामीण परिवेश से शीर्ष तक पहुँचे थे। वे एक व्यक्ति के रूप में बहुत सहज थे और उनमें कोई बदलाव नहीं आया था। उन्होंने पिछड़े ग्रामीण परिवेश में भी अपने आपको इतना उठाया था। उपलब्ध सीमित संसाधनों के बीच क्रिकेट खेलने में महारत हासिल की थी। एक बैट्समैन के तौर पर उनमें कुछ कमियाँ थीं, इसके बावजूद वे लोकप्रिय थे। ह्यूज ने 26 टेस्ट और 25 एक दिवसीय मैच खेले। उन्होंने अपना पूरा जीवन इसके

आँकड़े को बड़ा करने में लगा दिया। किसी भी क्रिकेट अधिकारी ने उनके खेलने की क्षमता पर कभी आपत्ति नहीं जताई थीं। हाँ, जिस तरह वे शॉर्ट-पिच बॉल को गैर-परंपरागत तरीके से खेलते थे, उस पर जरूर सवालिया निशान लगाया था। इस हफ्ते मंगलवार को दक्षिण ऑस्ट्रेलिया और न्यू साउथ वेल्स के बीच क्रिकेट मैच था। दक्षिण ऑस्ट्रेलिया की ओर से बैटिंग कर रहे ह्यूज 63 रन के स्कोर के साथ क्रीज पर डटे थे। 22 वर्षीय सीन एबॉट बॉलर थे। उन्होंने बाउंसर फेंका। गेंद टप्पा खाने के बाद तेजी से उछली। ह्यूज ने इसे हुक करने की कोशिश की, लेकिन चूक गए और गेंद उनके सिर के पीछे, बाईं ओर जा लगी। ह्यूज ने आखिरी पलों में गेंद से बचने की कोशिश की, लेकिन नाकाम रहे।

यह एक शॉर्ट पिच गेंद थी, जिसने ह्यूज को गरदन के ऊपरी हिस्से में चोट पहुँचाई थी, जो सिर का आधार होता है। मुख्य नस फटने से मस्तिष्क में काफी खून बह गया। वे जमीन पर गिर पड़े और उन्हें फौरन अस्पताल ले जाया गया। चूँकि उनकी हर बात में जुझारूपन झलकता था। इस कारण हर किसी को विश्वास था कि वे ठीक हो जाएँगे। विज्ञान और दवाओं में बीते दो दशक के दौरान काफी सुधार हुआ है। इसलिए हर किसी को उनके स्वस्थ होने की उम्मीद थी।

उनका इलाज अच्छे डॉक्टरों की निगरानी में हुआ। डॉक्टरों ने ऑपरेशन के दौरान उनकी खोपड़ी का कुछ हिस्सा निकाल दिया था। लेकिन चोट इतनी गंभीर थी कि वे कोमा से बाहर नहीं निकल सके। होश में नहीं आ पाए। उन्हें एक ऐसे खेल में चोट लगने के दो दिन बाद गुरुवार को मृत घोषित कर दिया गया, जिसे फेयर प्ले और खेल भावना के लिए जाना जाता है। ऑस्ट्रेलियाई प्रधानमंत्री टोनी एबॉट ने ह्यूज के निधन को 'झकझोरनेवाली दुःखदाई' घटना बताया। वहीं पूर्व क्रिकेट खिलाड़ी मैथ्यू हेडन ने प्रार्थना करते हुए कि 'अब वे हमेशा-हमेशा के लिए भगवान् के सुरक्षित हाथों में रहें।' क्रिकेट की पूरी दुनिया ने उनके लिए प्रार्थना की और कहा कि भगवान् उन्हें

63 रन के नॉट आउट स्कोर के साथ शांति प्रदान करें। ऐसे हजारों बच्चे होंगे, जिनके माता–पिता या अभिभावकों ने उनका अच्छी तरह लालन–पालन किया होगा और उनके जीवन को बेहतर आकार दिया होगा। तब भी हो सकता है कि उनके जीवन में अचानक कोई दुःखद क्षण आ गया हो। वह भी बिना किसी की गलती के। ऐसा अनुभव बेहद पीड़ादायक होता है।

फंडा यह है कि मानव के पास प्रार्थना ही ऐसा जाना-पहचाना तरीका है, जिसके सहारे हम जीवन में अचानक आनेवाले संकट के सामने टिककर खड़े रह सकते हैं।

□□□